金魚水譯解

英文收錄

法句經

普成文化社

자 서

부처님의 말씀이 어느 것인들 보배스럽지 않음이 있아오리까마는 법구경처럼 우리 인간생활에 있어 절실한 가르침은 다시 없을 것입니다.

인간이 인간의 길을 올바르게 걸어가도록 자세히 일러주신 부처님의 간절하신 유훈이며 처세의 경구인 동시 범부로부터 성인의 경지에 이르는 가장 가까운 큰 길이 이 법구경의 가르침입니다.

이것은 시간과 공간을 초월한 진리이며 영원의 생명수이기도 합니다. 그러므로 과거에도 필요했으며 현재에도 필요하며 또한 미래에도 필요한 금언(金言)입니다.

그리하여 벌써 많은 선배들이 이 법구경에 대해 손을 대어 많은 사람들이 읽었읍니다마는 또 한번 새로운 방법으로 시도해 보고저하는 것이 평소의 소원이었던바 미비한 재질인줄 자인하면서도 감히 외람된 붓을 들게 된점 독자제위께 깊이 사과하며 졸고를 간행하는데 물심양면의 노고를 아끼지 않은 보성

문화사측에 아울러 사의를 표합니다.

끝으로 졸고와 함께 수록된 영역문(英譯文)은 일인 상반대정(常盤大正)의 영한대조법구경(英譯對照法句經)에 의거했음을 밝혀 두면서 서문에 가름하는 바 입니다.

一九七九、四、一

金 魚 水

차 례

해제 ·· 一
  1. 경 제명과 四종번역 ·· 一
  2. 경의 특징 ·· 三
  3. 내용 개관 ·· 一三
  4. 남북양전의 비교 ·· 一四

一, 무상품(無常品) ·· 一九
二, 교학품(教學品) ·· 二三
三, 자인품(慈仁品) ·· 三九
四, 쌍요품(雙要品) ·· 四七
五, 방일품(放逸品) ·· 五二
六, 심의품(心意品) ·· 七四
七, 화향품(華香品) ·· 八三
                                                九二

八、우암품(愚暗品)……………………………一〇五
九、명철품(明哲品)……………………………一一七
一〇、나한품(羅漢品)……………………………一二七
一一、술천품(述千品)……………………………一三六
一二、악행품(惡行品)……………………………一四八
一三、도장품(刀杖品)……………………………一六〇
一四、노모품(老耗品)……………………………一七二
一五、애신품(愛身品)……………………………一八一
一六、세속품(世俗品)……………………………一九〇
一七、불타품(佛陀品)……………………………一九九
一八、안녕품(安寧品)……………………………二一二
一九、호희품(好喜品)……………………………二二一
二〇、분노품(忿怒品)……………………………二三〇
二一、진구품(塵垢品)……………………………二四一
二二、봉지품(奉持品)……………………………二五四

- 二三、도행품(道行品) ························ 二六五
- 二四、광연품(廣衍品) ························ 二七七
- 二五、지옥품(地獄品) ························ 二九一
- 二六、상품(象品) ····························· 三〇二
- 二七、애욕품(愛欲品) ························ 三一四
- 二八、사문품(沙門品) ························ 三三四
- 二九、범지품(梵志品) ························ 三四九

부 록 불설사십이장경(佛說四十二章經) ·············· 三七五

법구경 해제

一, 경 제명과 四종번역

법구경(法句經)은 범어로는 Vdaravavarga 또는 Dharmapāda 파리어로는 Dhamma pada라고 하며, 법구집경(法句集經)・또는 담발게(曇鉢偈)라고도 한다. 담발(曇鉢)은 곧 Dhammapada의 음역(音譯)이며 법구(法句) 또는 법집요송(法集要頌)・출요(出曜)으로 번역하여 한역경전(漢譯經典)의 이름을 붙일 때 표시하였다.

이 경은 범구존자(法句尊者)의 찬술로서 오나라(吳) 유기란(維祗難)등의 번역(224)으로 전한다. 찬술인인 범구존자는 四대 논사의 한분으로 불멸후 三백년경에 출현한 세우존자(世友尊者)의 외삼촌이라고도 한다. 그런데 범구라는 이름으로 四대 논사의 한분인 세우존자(世友尊者)의 외삼촌이라고도 한다. 그런데 범구라는 이름으로 인도의 법통(法統)을 이은 이는 一인 또는 三인이 있다. 또 범구라는 이름으로 지어진 불전(佛典)四부가 보인다. 그래서 이 법구경의 찬집자인 대덕(大德)범구는 그 네분 가운데 어느 분인가에 대해 분별이 필요하게 된다. 여기서는 그 자세한 분별의 내역에 대해서는 생략하기로 하고 결론적으로 법구경의 찬집자는 세우존자의 선배인 대덕 범구존자라는 사실과, 오사비파사논(五事毘婆娑論)의 작자인 범구는 세우존자의 후배이며, 또 불멸六백년경의 잡심논주(雜心論主)인 법구와 불멸 七백년경의 달마다라선경(達磨多羅禪經)의 저자이며 선사(禪師)인 법구와는 구별된다는 것을 소개하는데 그치고자 한다.

이 경이 한문으로 번역된 네가지가 있는데 그 경명과 역출삼장(譯出三藏)을 소개하면 다음과 같다.

一, 법구경(法句經) Dhammapada 二권 오 유기란(吳 維祇難=224)

二, 법구비유경(法句比喩經) Dhammapadana 四권 서진법거·법립공역(西晋法炬共法立=209—306)

三, 출요경(出曜經) Apadana 三十권 승가발징 부진 축불념 공역(僧伽跋澄將來共符秦竺佛念=398—9)

四, 법집요송경(法集要頌經) Dhammapada 송 천식재(宋天息災=980—1,000)

이 중에 법구비유경과 출요경은 법구(法句) 곧 게송(偈頌)이 읊어지기 전까지의 인연담(因緣談)을 자세히 설명하여 법구의 배후를 밝히었고 법구만을 실은 것은 범구경과 법집요송경이다. 그러나 이 二본도 그 원본은 동본이 아니라 서로 다르다. 남전장경(南傳藏經)계통인 소승불교의 원본인 파리어본에 의존한 경본으로 짐작되는 것은 법구경과 법구비유경이고 북방대승불교계의 원본인 범어계(梵語系)는 법집요송경(法集要頌經)과 출요경(出曜經)이다.

二、 이 경의 특징

이 경은 간결과 요령의 극을 이루는 문장과 표현법에 의해 불교의 진리를 잘 보여주고 있다. 또 그 설해진 바 법문은 출가수행의 길잡이가 될 뿐 아니라 세속의 실제 사회생활에 있어서도 만고불후의 구감이 되는 명언중의 명언으로 되어 있다.

또 이 경의 특징은 근본불교에 가까운 내용으로서 성립연대로나 편찬상으로 보아 四아함 十二부경중에서 세존의 금언(金言)만을 뽑아 대덕 법구존자에 의해 엮어진 아주 귀중한 불교경전인 만큼 불교의 요의(要義)를 망라해서 잘 포섭하고 있다는 뜻이 되는데, 이에 대해 경서(經序)에 다음과 같이 기술하고 있다. 『법구경을 배우지 않는 것은 공부의 차례를 뛰어 넘는 것이니 처음 나아가는 이에게 차차 들어가는 큰 문이 되고 깊이 들어간 자에게 그 윽한 지혜의 곳간이 되다. …… 배우는 공을 적게 들이고도 그 안에 포섭하고 있는 뜻은 넓으니 가위 절묘하고 요긴한 뜻이 있다』고 했다.

또 이 경은 인생의 깊은 문제를 해결하는 데 있어서 평이하고 간결한 해답으로 일관하고 있으며, 인간생활에 있어 만고불변의 밑받침이 되고 있는 윤리와 도의를 감명깊이 심어 준다.

법구경을 잘못 생각하면 소승계의 경전이라 하여 소아적이고 부정적인 교리나 담은 중요하지 않은 경으로 생각하기도 쉽다. 그러나 이 법구경의 게송을 보는 이는 누구나 느낄 수 있듯이 오히려 진실하고 방일하지 않는 생활, 열반과 해탈을 향해 수행을 강조하는 내용으로 되어 있다. 그러므로 소승불교 이전의 근본불교의 올바른 열반관을 우리에게 명이하게 이해시켜 주는 경문으로 받아 들여진다.

이런 점에서 불교를 처음 배우려는 초입자에게 가장 적합한 입문서가 될 뿐 아니라 일반 대중을 위한 교양서로서도 다시 없는 구감이 되고 있음은 이 경전이 영·불·독 등 서구에서까지 일찍부터 라틴어·영어·불어·독어등으로 번역되어 크게 유포되고 있음을 보아서도 잘 알 수 있다. 또한 교학상의 관점에서 볼 때에도 이 경은 소홀히 할 수 없는 지위를 차지하고 있으며 이 경을 공부하는 것은 곧 四아함부 十二부경을 독파하는 것이 된다는 점에서도 매우 중요한 뜻을 갖는다 하겠다.

三, 내용 개관

이 경은 처음에 무상품(無常品)에서 시작하여 마지막 길상품(吉祥品)에 이르기까지 三十九품으로 이루어져 있다. 법구경 서에 보면, 『이 경에 본래 九백의 게송(偈頌)으로 된 것 七백의 게송으로 된 것, 五백의 게송으로 된 것 등이 있는데 중국으로 가져온 것은 五백게 二十六품이었다. 그런데 뒤에 다시 연찬하여 十三품을 더할 수 있게 되어 三十九품 七백五

十二게송으로 되었다」고 했으니, 이것이 현존의 법구경이다. 이하에 내용의 줄거리를 보이면 다음과 같다.

一、무상품(無常品)……五욕의 번뇌로 인해 사람의 마음은 흔들리고 근심걱정이 생긴다. 사람의 목숨은 무상하고 이 세상의 모든 것은 생멸하여 마지 않는다는 제행무상(諸行無常)의 도리를 깨달아 지혜의 눈을 열라는 내용.

二、교학품(敎學品)……사람을 선도(善道)로 이끌기 위해 수학(修學)의 요제를 역설하신다.

三、다문품(多聞品)……정법의 내용을 많이 들어서 경계(經戒)를 잘 받들어 행하므로 정각(正覺)에 이르게 되어 정법을 아는 것이 적으면 지계(持戒) 수행을 완전하게 할 수 없음을 역설.

四、독신품(篤信品)……믿음(信)은 도에 들어가는 근본이 되고 성도(聖道)에 계합할 수 있는 씨앗이 됨을 말함.

五、계신품(誡愼品)……계를 지킴으로서 번뇌를 항복하고 정도로 정진할 수 있으며 사람을 선도에 이끌 수 있는 등 계의 공덕과 뜻을 말함.

六、유념품(唯念品)……도를 구하고 해탈을 얻으려면 호흡을 고요히 관찰하고 산란한 마음을 여의며 바른 생각으로 삼매(三昧)에 들어야 함을 말함.

七、자인품(慈仁品)……신・구・의(身口意)三업으로 성자의 덕행을 가꿀 것을 역설.

八、언어품(言語品)……일체의 언어는 바른 이치에 계합하는 말만 할 것이요 지않는 말은 계어(戒語)를 말함.

九、쌍요품(雙要品)……선과 악이 다 마음으로부터 일어나는 것이므로 먼저 마음을 바르게 하고 몸을 조복하여 죄와 허물을 여의라는 것.

十、방일품(放逸品)……방일은 죽음의 길이니 방일을 없애려면 계로써 막아야 악도를 피한다는 내용.

十一、심의품(心意品)……무형의 마음이 근본이 되어 끊임없이 생각을 내고 욕심을 내어 악보를 받고 선행을 하면 복을 받는 것이 다 마음의 작용이란 내용.

十二、화향품(華香品)……꽃이 피면 반드시 열매가 열리듯 항상 도를 배워서 바른 생활을 하면 복된 과보를 맺는다는 내용.

十三、우암품(愚闇品)……어리석은 마음을 열어서 깨달음의 길로 나아가는 것이 슬기로운이의 길이란 내용.

十四、명철품(明哲品)……밝은 지혜를 가진 사람은 부지런히 수행하지 않을 수 없는 도리를 역설.

十五、나한품(羅漢品)……방일을 피하고 세속에 집착이 없으며 마음에 동요함이 없으면 이것이 성자의 참 모습.

十六、술천품(述千品)……형식에 걸린 천 말의 말만 늘어놓고 경구의 바른 뜻을 모르면

十七、 악행품(惡行品)……악한 일을 하는 자에게 가까이 하면 점차 물들게 되므로 이것을 버리고 허물없는 바른 도에 나가야 한다는 내용.

十八、 도장품(刀杖品)……자비행을 하고 항상 뭇 생명을 희생하고 남을 괴롭히지 말라는 내용.

十九、 노모품(老耗品)……사람의 목숨은 무상하여 보존하기 어려운 이치를 절감하고 어서어서 도를 닦아 크게 후회하지 않도록 하라는 내용.

二十、 애신품(愛身品)……도를 배우면 스스로 이익을 얻고 죄과(罪過)를 멸하면 복 되어진다.

二十一、 세속품(世俗品)……이 세상은 허무하기 꿈과 같고 허깨비 같은 것, 五욕외 생활을 끊고 도를 닦아 영원의 안식처인 피안(彼岸)에 오르라는 내용.

二十二、 술불품(述佛品)……부처님 공덕은 광대무변하여 온 누리를 제도하지 않음이 없다. 그 지혜는 깊고 멀며 세간의 등불이요 진리이다.

二十三、 안녕품(安寧品)……원한의 마음을 쉬고 착하지 않은 것 피하면 마음이 편하고 악도에 떨어지지 않는다는 내용.

二十四、 호희품(好喜品)……정욕을 따라 쾌락만을 추구하면 안된다. 스스로 억제하여 탐욕을 이기면 고뇌는 스스로 멸한다.

二十五, 분노품(忿怒品)……마음에 분노와 원한 없어서 자비심만 항상 있으면 하늘이 도와 복을 주며 사람도 사랑해 온다.

二十六, 진구품(塵垢品)……세속의 욕심의 때가 묻지 않도록 항상 마음을 청정하게 가지라는 내용.

二十七, 봉지품(奉持品)……악한 짓 다 버리고 깨끗한 수행으로 바른 도와 의리를 말하고 지혜가 밝아서 그르치지 않는 것이 참 비구.

二十八, 도행품(道行品)……해탈의 도를 설함.

二十九, 광연품(廣衍品)……선이던, 악이던, 적은 것으로부터 쌓여서 크게 이루어지는 것이니 부단히 선을 닦으라는 내용.

三十, 지옥품(地獄品)……악한 짓을 하고도 스스로 반성할 줄 모르는 자는 악보를 받고 지옥에 떨어진다.

三十一, 상유품(象喩品)……몸·입·생각의 三업을 잘 규제하여 선행을 지어나가면 복을 크게 받는데, 그것을 코끼리 길드리는데 비유한 내용.

三十二, 애욕품(愛欲品)……많은 사람들이 음욕에 걸리고 애정에 걸려서 자신을 근심과 고뇌의 구렁에 빠트린다. 한시바삐 벗어나지 않으면 안된다는 내용.

三十三, 이양품(利養品)……탐욕을 여의고 덕을 쌓으라, 바른 생각으로 더러운 악을 짓지 않아야 지혜있는 사람이란 내용.

三四、 사문품(沙門品)……참되고 바른 도를 만들어 행하면 신심으로 고뇌와 추악이 없고 청정 안온함을 얻어 마침내 열반의 저 언덕에 이른다는 내용.

三五、 범지품(梵志品)……말도 행도 바르고 참된 정도에 들어가서 몸과 마음이 청정한 것을 도인이라 한다는 내용.

三六、 이원품(泥洹品)……세속에 집착함이 없이 뜻을 바꾸어 생사의 고해를 초월하면 곧 안온한 절대경에 항상 머물게 되나니 이것이 곧 열반이란 내용.

三七、 생사품(生死品)……사람에게 형체와 육신을 따라 죽지 않는 혼신, 마음이 있어서 육체가 허무러지고 지고나면 살아서 지은 행위에 대한 업을 따라 혼신이 다른 곳에 태어난다는 윤회의 내용.

三八、 도리품(道理品)……참다운 남의 지도자가 되려면 선도(善道)를 가르쳐 보이고 바르게 대중을 이끌어가야 한다는 내용.

三九、 길상품(吉祥品)……모든 악을 짓지말고 모든 선행을 뜻에 두어 행하면 마침내 복을 받게 된다는 내용.

四、 남북양전 (南北兩傳) 의 비교

처음에 유지란(維祗難)법사가 가지고 온 五백계는 남전(南傳)의 법구경과 대체로 일치하는 것으로 되어 있다. 그런데 여기에다 율염(律炎) 삼장과 유지란 삼장에게 자문을 얻어 十三품을 더함으로 현재의 三十九품 七백五十二게송의 현존 북전법구경이 이루어진 것이다. 이에 남북양전을 비교해 보이기로 한다.

         북전(北傳)   남전(南傳)

一, 무상품(無常品) 二十一송(頌)   없음
二, 교학품(敎學品) 二十九송   없음
三, 다문품(多聞品) 十九송   없음
四, 독신품(篤信品) 十八송   없음
五, 계신품(誡愼品) 十六송   없음
六, 유념품(唯念品) 十二송   없음
七, 자인품(慈仁品) 十九송   없음
八, 언어품(言語品) 十二송   없음
九, 쌍요품(雙要品) 二十二송   二十송
十, 방일품(放逸品) 二十송   十二송
十一, 심의품(心意品) 十一송   十一송
十二, 화향품(華香品) 十七송   十六송

十三, 우암품(愚闇品) 二十송　　十六송
十四, 명철품(明哲品) 十七송　　十四송
十五, 나한품(羅漢品) 十송　　　十송
十六, 술천품(述千品) 十六송　　十六송
十七, 악행품(惡行品) 二十二송　十三송
十八, 도장품(刀杖品) 十四송　　十六송
十九, 노모품(老耗品) 十四송　　十一송
二十, 애신품(愛身品) 十三송　　十송
二十一, 세속품(世俗品) 十四송　十二송
二十二, 술불품(述佛品) 二十一송　十八송
二十三, 안녕품(安寧品) 十三송　十二송
二十四, 호희품(好喜品) 十二송　十二송
二十五, 분노품(忿怒品) 二十六송　十四송
二十六, 진구품(塵垢品) 十九송　二十一송
二十七, 봉지품(奉持品) 十七송　十七송
二十八, 도행품(道行品) 二十八송　十七송
二十九, 광연품(廣衍品) 十三송　十六송

三十, 지옥품(地獄品) 十六송 十四송
三十一, 상유품(象喩品) 十八송 十四송
三十二, 애욕품(愛欲品) 三十三송 二十六송
三十三, 이양품(利養品) 十九송 없음
三十四, 사문품(沙門品) 三十二송 二十三송
三十五, 범지품(梵志品) 四十송 四十一송
三十六, 이원품(泥洹品) 三十四송 없음
三十七, 생사품(生死品) 十六송 없음
三十八, 도리품(道利品) 二十송 없음
三十九, 길상품(吉祥品) 十九송 없음

 이상에서 본 바와 같이 북전은 三十九품 七백 五十三송이고 남전은 二十六품 四백 二十二송인데, 그 가운데 무상품·교학품·독신품·계신품·무념품·자인품·언어품·이양품·이원품·생사품·도리품·길상품의 十三품은 북전에만 보이고 남전에는 빠져 있으며 나머지 二十六품만이 양전에 다 실려 있다. 함께 실려 있는 二十六품 가운데도 화향·나한·술천·범지의 四품만은 양전 공히 게송이 동일하였지만 나머지 二十二품은 게송의 수도 같지 않았다. 북전에만 보이는 무상품등의 十三품은 뒤에 추가된 것임을 알 수 있다.

一、 무상품 (無常品)

부처님께서 어느 때 사위국(舍衛國)、 기원정사(祇園精舍)에서 대중을 위해 설법하고 계셨다.

그때 바사익왕(波斯匿王)의 큰 부인은 나이 九十이 넘어 중병을 얻고 의약으로 고치지 못한 채 목숨을 마쳤다. 왕은 슬픔속에 신하들과 더불어 장례를 마치고 부처님 계신 곳을 지나다가 부처님 앞에 나아가 그 발에 예배하였다.

부처님은 왕에게 물으셨다.

『대왕은 어디서 오시기에 옷이 더럽고 얼굴이 이상하오. 무슨 일이 있으셨오.』

왕은 머리를 조아리며 사뢰었다.

『큰 부인 나이 九十에 중병을 만나 죽었읍니다. 그래서 지금 장사지내고 막 돌아오는 길에 부처님을 뵈읍게 된 것이읍니다.』

부처님은 말씀하셨다.

『인생에게 크게 두려운 것이 네 가지가 있오. 곧 나면 늙고 병들면 몸에 광택이 없어지며 죽으면 영혼이 떠나 친척들과 이별하는 것, 이 네가지 그것이오. 사람의 목숨은 기약할 수 없고, 만물은 덧없어 오래 보전하기 어려운 것이오. 하루하루가 지나가는 것처럼 사람의 목숨도 그와 같소. 마치 강물이 밤·낮으로 쉬지 않고 흐르는 것처럼 사람의 목숨의 빠르기도 그와 같은 것이오.」

그리고 부처님은 곧 게송으로 말씀하셨다. 그리하여 대왕과 신하들은 부처님의 설법을 듣고 모두 기뻐하면서 근심과 걱정을 잊었었고 거기 모인 여러 대중들은 다 도의 자취를 터득하였다.

如河駛流(여하사류)
往而不返(왕이불반)
人命如是(인명여시)
逝者不還(서자불환)

―――

一

강물이 흘러 흘러
다시 돌아올 수 없듯이
사람의 목숨도 그와 같아
한번 가면 다시 오지 못하나니.

25 무상품

生_생者_자日_일夜_야
命_명自_자攻_공削_삭
壽_수之_지消_소盡_진
如_여榮_형霽_정水_수

二

한 번 태어나면 밤이나 낮이나

목숨을 스스로 깎으며 사는 것

나날이 차츰차츰 줄어가나니

옹달샘의 저 물이 졸아들듯이.

옛날에 바라문 네 사람이 있었는데, 이들은 모두 신통을 얻어 마음대로 하는 이들이었다. 어느 날 그들은 말했다.

『사람들은 맛 있는 음식을 석존(釋尊)에게 공양하고 하늘에 나기도 하고 법문을 듣고 해탈한다고도 하지만, 우리는 하늘 복을 구할 뿐 해탈을 원하지 않으니 법문을 들을 필요는 없다.』

하고 그들은 각각 맛있는 얼음사탕(石蜜)을 장만하여 부처님께 올렸다. 부처님은 그것율 받으시고 다음 게송을 읊으셨다.

현상계의 모든 것 덧 없는 것들(所行非常)

그는 이 게송을 손으로 듣고는 손으로 곧 귀를 막았다. 둘째 바라문이 이어 부처님께 얼음사탕을 올렸다. 부처님은 다시 게송을 읊으셨다.

한번 일어나면 반드시 쇠하는 법인 것을(謂興衰法)

그도 곧 손으로 귀를 막았고 세번째 바라문이 또 부처님께 나아가 얼음과자를 올렸다. 부처님은 또 게송을 읊으셨다.

대저 나는 것은 곧 죽음 받는 것(夫生輒死)

그도 손으로 귀를 막았다. 네번째 바라문도 부처님께 나아가 얼음과자를 올렸다. 부처님은 이어 게송을 말씀하셨다.

생멸을 뛰어 넘은 적멸(寂滅)이 참 낙이로다(此滅爲樂)

*

그도 손으로 귀를 막았고 그들은 다 부처님곁을 떠났다. 부처님은 방편으로 몸을 보이지 않게 하셨다. 저들은 한 자리에 모여 『우리가 석존께 공양은 하였지만 아까 무슨 말씀을 하셨는데 어째 마음에 걸리는 것 같다』하고는 제일 먼저 간 사람에게 무슨 말씀을 들었느냐고 묻는다.

『나는 부처님에게 〈현상계의 모든 것 덧없구나〉하는 그 법문을 듣고는 곧 귀를 막아서 더 듣지 못하였다.』

둘째, 셋째 넷째도 각각 들은대로 말했다.

『내가 부처님 앞으로 나아가 올릴 때 〈한번 일어나면 곧 쇠하는 법인 것을〉하시는 게송을 읊으셨는데 나는 곧 귀를 막고 더 듣지 않았다.』

『내가 부처님께 나아가 공양 올릴 때는 〈대저 나는 것은 다 죽음을 받는것〉하는 게송을 읊으셨는데 나도 곧 귀를 막아 더 듣지 않았다.』

『내가 부처님께 공양 올릴 때, 부처님은 나를 보시며 〈생멸을 뛰어 넘은 적멸이 낙이로다〉하셨는데, 나도 곧 귀를 막아 더 듣지를 않았다.』

이렇게 해서 이들은 결국 한 게송의 뜻을 서로 전해 다 듣게 되었고 그 뜻을 알아 마음이 열리게 되었다. 또한 그들은 아나함(阿那含)의 도를 얻어 지금까지의 자기들이 행해온 잘못을 뉘우치고 부처님께 나아가 땅에 엎드려 발 아래 절하고 부처님께 사뢰었다.

『원컨대 여래께서는 저희들로 하여금 부처님 밑에 사문(沙門)이 되도록 허락해 주소서는하고 간청했다. 부처님은 그들에게 말을 하셨다.

『잘 왔도다 비구들이여 거룩한 법행을 닦으라.』*

그리하여 그들은 부처님 앞에서 정진하여 아라한의 도를 얻었다.

三

所行非常
소행비상

謂興衰法
위흥쇠법

夫生輒死
부생첩사

此滅爲樂
차멸위락

세상 모든 것은 덧 없는 것들

일어나면 반드시 쇠하는 법

나는 것 그대로 죽음의 길

생멸을 뛰어넘어 참 즐거움 찾자.

常^상者^자皆^개盡^진　　있는것 모두 다 없어지는 것

高^고者^자必^필墮^타　　높은 것 반드시 떨어지는 것

合^합會^회有^유離^리　　모이면 반드시 흩어지는것

生^생者^자有^유死^사　　태어난 것 반드시 죽어지는 것.

四

　옛날 부처님께서 왕사성(王舍城)에 계실때, 성안에 연화(蓮華)라는 음탕한 여자가 있었는데 그는 얼굴이 아름다와 그 나라에서는 비할 이 없었으므로 대신의 자제들은 모두 찾아가 사모하였다. 그런데 연화는 갑자기 착한 마음이 생겨 세상 일을 버리고 비구니가 되고자 하였다. 그래서 부처님 계신 곳을 찾아 가던중 한 샘물에서 물을 마시고 손을 씻다가、물속에 비친 생기 넘치는 얼굴 빛과 검푸른 머리털、방정하여 견줄대 없이 뛰어난 몸매등 자기의 모습을 보게 됐다. 그는 마음으로 생각했다.

「이처럼 아름다운 모습을 가지고 이 세상에 태어났거니 이것을 버리고 어찌 사문이 되랴. 먼저 청춘 향락부터 누리리라.」 그리고 곧 발길을 돌리었다.

부처님은 연화를 교화하여 제도하시려고, 신통으로 한 허깨비 여자를 만들어 연화있는 곳으로 보내니 그 뛰어난 아름다운 얼굴은 연화보다도 수천만 배나 더 아름다왔다. 연화는 그를 보고 마음으로 매우 사랑하고 공경하여 곧 그 허깨비 여자에게 물었다.

「어디서 오십니까. 남편·아이들·아버지·형·그리고 부리는 사람들은 모두 어디 있기에 시종도 없이 이렇게 혼자 가십니까.」

허깨비 여자는 대답하였다.

「성안에서 집으로 가는 길입니다. 비록 서로 모르는 사이지마는 혹 저 샘물로 같이 가서 앉아 쉬면서 이야기나 하지 않으렵니까.」하고, 두 사람은 샘물 위에서 이야기하였다.

그 허깨비 여자는 졸린채 연화의 무릎을 베고 누워자다가 갑자기 목숨이 끊어졌다. 얼굴이 부었다가 꺼지면서 몹쓸 냄새가 나고 배는 터져 벌레가 기어 나오고 이빨이 빠지고 머리털은 떨어지며 사지는 모두 허물어 흩어졌다.

연화는 이것을 보고 놀라운 시름에 빠져 생각하게 됐다.

「그처럼 아름답던 여자가 왜 갑자기 죽었는가 사람도 이러하거늘 하물며 내가 어찌 오래 살 수 있으랴, 나도 부처님께 부지런히 도를 배우리라. 고 발심하게 되었다. 그는 곧 부처님께 나아가 온 몸을 땅에 던져 예배한 뒤 그가 지금 본것을 모두 부처님께 사뢰었다. 부처님은 연화에게 말씀하셨다.

『사람으로써 믿지 못할 네가지 일이 있다. 첫째는 젊음이 마침내 늙음으로 돌아가는 것이고 둘째는 건강한 몸이 마침내 죽음으로 돌아가는 것이며 세째는 육친(六親)이 한데모여 즐기는 낙도 마침내 헤어지는 것이고 네째는 아무리 재물을 많이 쌓아 두어도 마침내 흩어지는 것이니라.』

그리고 부처님은 곧 게송으로 말씀하셨다.

연화는 부처님의 설법을 듣고 몸이 상쾌하여 날을 것 같고 마음이 열려 몸은 허깨비 같고 목숨은 오래 머무르지 못하는 것이라고 관찰하며 오직 도덕이 있고 열반을 성취하는 것만이 영원히 편안한 진리임을 관찰하였다. 그리고 비구니가 되어 깊이 관찰하고 정진하여 아라한도를 얻었다.

五

老노則즉色색衰쇠
所소病병自자壞괴
形형敗패腐부朽후
命명終종其기然연

늙으면 곱던 몸 쇠해지고
병나면 스스로 죽어지고
이몸은 무너져 썩고 흩어지나니
사람 목숨 이같이 마쳐지는 것.

六

是시身신何하用용
恒항漏루臭취處처
爲위病병所소困곤
有유老노死사患환

이 몸 무엇에 쓰랴
더러움 흐르는 고름 주머니
언제나 병이 나면 시달리는 것
늙고 죽는 큰 근심 떠나지 않네.

무상품

嗜_{기욕자자}欲自恣 있는 쾌락 모두 다 누려
非_{비법시증}法是增 나쁜 짓만 길러 가면서
不_{불견문변}見聞變 변해지는 것 보이지 않으나
壽_{수명무상}命無常 목숨은 필경 덧 없는 것을.

———

부처님이 어느때 왕사성(王舍城), 죽림정사(竹林精舍)에서 설법하고 계셨다. 그 때 어느 범지(梵志) 四형제가 있었다. 다섯가지 신통을 얻은 그들은 서로 의논하였다.

『우리는 이제 다섯가지 신통의 힘으로 하늘과 땅을 마음대로 다니고 해와 달을 어루만지며 산을 옮기고 강물을 멈추는 등 못할 일이 없는데 어찌 죽음인들 피할 수 없으랴』 그리고 한 사람이 말했다.

『나는 큰 바다 한 가운데 들어가 중간에 있으련다. 아무리 죽음의 살귀(殺鬼)라 한들 어찌 그곳을 알 수 있으랴』 또 한 사람이 말하였다.

『나는 수미산 속에 들어가 땅의 표면을 탄탄하게 봉하련다. 아무리 죽음의 살귀라 한들 어떻게 알 수 있으랴.』

또 한 사람이 말하였다.

『나는 허공에 올라가 숨어 있으련다. 아무리 죽음의 살귀라 한들 어떻게 그것을 알 수 있으랴.』

또 한 사람은 말하였다.

『내가 시장 한 복판에 숨어 있으면 죽음의 살귀가 와서 여러 사람 가운데 나를 어찌 찾으랴.』

그들은 이렇게 의논을 마치고 왕의 앞을 하직하면서

『우리들의 수명을 계산해보니 앞으로 이레밖에 남지 않아서 이제 죽음을 피하려 가는 길입니다. 죽음을 벗어난 뒤에 돌아와 뵈오려 하오니 부디 세상에 덕을 힘쓰소서.』

그러나 이레의 기한이 차자 모두 목숨을 마치고 말았으니 그것은 마치 과실이 익어 떨어지는 것과 같았다. 왕은 그 가운데 시장에 숨은 범지가 죽었음을 알고 장례를 치러주고 부처님께 나아가 예배한 뒤 이렇게 사뢰었다.

『요즘 다섯가지 신통을 얻은 어떤 범지 四형제가 제 수명이 다될 때가 된 것을 알고 모두 죽음을 피해 떠났나이다. 지금 그들은 과연 죽음을 벗어날 수 있겠나이까.』

부처님은 말씀하셨다.

무상품

『대왕이여, 사람에게는 떠날 수 없는 네가지 일이 있오. 도 생(生)을 받지 않을 수 없고, 둘째 한번 나면 늙지 않을 수 없어 들지 않을 수 없고, 네째 병들면 죽지 않을 수 없는 것이 그것이요.』

그리고 부처님은 곧 게송으로 말씀하셨다. 왕은 부처님의 설법을 듣고 기뻐하였고 신하들과 관리들이 모두 다 그 법을 믿고 받들었다.

八

非空非海中_{비공비해중}
非入山石間_{비입산석간}
無有地方所_{무유지방소}
脫之不受死_{탈지불수사}

허공도 바다도 아니며
산속도 바위 틈도 아니다
죽음을 벗어나 받지 않을 곳
그 아무데도 있을 수 없다.

是_시務_무是_시吾_오作_작 힘써야 할 일 해야 할 일

當_당作_작令_영致_치是_시 나는 이것을 결코 이루리

人_인爲_위此_차躁_조擾_요 사람들 이것 위해 초조하면서

履_이踐_천老_노死_사憂_우 늙고 죽는 생사고 밟고 다닌다.

주석 1. 사위국(舍衛國)……범어 Stravasti 지금의 Condan수의 Setmahet 실라벌 이라 음역하고 문물(聞物)이라 번역하며 중인도 교살라국의 도성, 부처님이 계실때는 바사익왕·유리왕이 있었고, 성 남쪽에 유명한 부처님 기원정사(祇園精舍)가 있었다. 나라 이름으로 부르기도 한다.

2. 기원정사(祇園精舍)……중인도 사위성, 곧 사위국 남쪽 一마일 지점의 기수급고독원(祇樹給孤獨園)에 지은 七층의 절, 부처님과 그 제자들이 수도하던 주된 절 가운데 하나로, 수달 장자가 기타태자가 기증한 절에 세워서 받치다.

3. 바사익왕(波斯匿王)……범어, prasenajit 승광(勝光)·월광(月光)이라 번역하며, 중

九

36

37 무상품

인도 사위국의 왕으로 정치를 잘하여 나라가 부강해졌다. 그의 아들 기타태자는 수달장자와 기원정사를 지어 부처님께 받쳤고 왕도 불법을 독실하게 믿어 외호(外護)했다.

4. 바라문(波羅門)……범어 Brahmana인도의 사회계급 가운데 제일 상위 계급이니 이른바 四성(姓)의 하나, 바라문교의 전권을 장악한 승려로 신의 후예로 일컬으며 임금보다도 윗자리에 있는 승려의 특권종족을 말한다.

5. 적멸(寂滅)……불교의 최고이상인 열반(涅槃)의 번역, 생사인과의 상대경계를 벗어난 절대의 해탈경계를 일컬음.

6. 아나함(阿那舍)……범어 Anagamin 소승의 성문(聲門)四과 가운데 세번째 지위, 나함(那舍)이라고도 하고 불환(不還)、불래(不來)라고도 번역하니, 다시 인간세상에 오지 않아도 소승의 최고 성과(聖果)인 아라한과(阿羅漢果)를 얻을 수 있다는 뜻이다. 그러나 성문이 초과에 들어도 성인의 지위에 든 것은 되지만 그 가운데 더욱 완전한 차제가 있기 때문이다.

7. 사문(沙門)……범어 Śaraṇa 식심(息心)・공로(功勞)・근식(勤息)이라 번역하며, 부지런히 좋은 일을 닦고 악을 그친다는 뜻, 외도・불교를 막론하고 가정을 떠나서 수도 생활을 하는 이의 총칭이다.

8. 아라한(阿羅漢)……범어 Arian 소승의 교법을 수행하는 성문(聲聞)四과의 마지막 지위, 응공(應供)・살적(殺賊)・불생(不生)이라 번역하며, 역시 생사의 구속을 벗어난 성

9. 왕사성(王舍城)……범어 Raja-grha 중인도 마갈다국 고대의 수도, 나열기(羅閱祇)라 음역하고 지금의 벵갈주 파트나(patna)의 남방, 부처님당시 빈바사라왕이 머물렀고, 죽림정사(竹林精舍)를 세워서 부처님께 받쳤다. 그리고 영추산에 부처님의 설법하시는 데 오르내리기 좋도록 층대를 쌓았다.

10. 죽림정사(竹林精舍)……범어 Venuvana 마갈다국 가란타촌에 있던 절, 석존께서 성도한 바로 뒤에 가란타장자(迦蘭陀長者)가 죽림원(竹林園)을 받치고 빈바사라왕이 절을 세운 불교 최초의 사찰.

11. 범지(梵志)……범어 Brahmacarin 범사(梵士)라고도 하며 정행(淨行)이라 번역, 바라문의 생활에 四기가 있는 가운데 제一기, 스승에게 가서 공부하는 청소년시기를 주로 말하며 이 기간에 끝난 뒤의 성인을 범지라고 부르는 경우도 있다.

12. 수미산(須彌山)……범어 Sumeru-parvata 고묘(高妙)라고도 번역, 四주세계(洲世界)의 중앙고대인도의 우주관에 따르는 一세계의 중심을 이루는 큰 산.

13. 중음(中陰)……사람이 죽은 뒤에 다음 세계에 태어나기 까지의 중간 七七일 사이, 선악간에 극한의 업을 지은 이는 죽는대로 곧 과를 받고 보통 사람은 이 사이에 다음 생의 과보가 결정되는 것.

二, 교학품

옛날 부처님이 사위국의 기원정사에서 여러 비구들에게 말씀하셨다.

『부지런히 도를 닦아 마음이 밝고 안정되면 온갖 피로움을 면할 수 있느니라.』

어떤 비구는 배불리 먹고 문을 닫고 잠만자며 몸만 생각하고 뜻을 유쾌히 할뿐 덧 없음을 관찰하지 않고, 밤·낮없이 게으리기만 하였다. 부처님은 그를 가엾이 여기시고 곧 그 방에 들어가 깨우시고 말씀하셨다.

그는 곧 일어나 머리를 조아려 부처님께 예배하였다. 부처님은 그 비구에게 말씀하셨다.

『너는 네 전생 일을 아느냐?』

『옛날 비바시 부처님(毘婆尸佛) 때에 너는 일찍 출가 하였으나 네몸의 이익만 탐하고 경전이나 계율을 생각하지 않았으며, 배불리 먹고는 자기만 하고 목숨이 덧 없음을 생각하지 않았었다. 그러다가 목숨을 마치고 그 영혼은 벌레로 태어나 五만년을 지냈고 다시 소라 고동과 큰 조개와 나무 속의 좀벌레가 되어 각각 五만년을 지냈었다.

비로소 죄가 다하여 사문이 되었거늘 어찌 다시 또 잠에 빠져 아직 싫어할 줄을 모르느냐.』

그때 그 비구는 또 전생의 일을 부끄럽고 두려워 자책하면서 마음이 열려 아라한이 되었다.

一〇

思而不放逸
사이불방일
생각을 깊이하여 방일치 말고

爲仁學仁迹
위인학인적
어진 마음으로 자비를 베풀어

從是無有憂
종시무유우
모든 근심 쉬어진 그날

常念自滅意
상념자멸의
나쁜 뜻 하나하나 없어지는 것.

正見學務增 정견학무증
是爲世間明 시위세간명
所生福千培 소생복천배
終不墮惡道 종불타악도

二

바른 지견 마음에 배워 익히면

이 세상 이끄는 등불이 되고

몇 천 배 더욱 큰 복이 되나

그로 인해 악도에 떨어지지 않는 길.

어느 때 부처님이 왕사성의 영추산(靈鷲山)에 계시면서 감로의 법문을 말씀하셨다. 그때 군세고 사납고 씩씩하고 용맹스런 비구가 있었다. 부처님은 그의 성품을 아시고 뒤 산 골짜기 나무 밑에 앉아서 숨길을 세면서(數息觀) 안정을 찾게 하였다. 그러나 그는 귀신의 말소리만 들릴 뿐 두려움에 질려 숨도 제대로 쉴 수 없었고 안정을 얻을 수가 없었다. 그래서 돌아가려 하다가 스스로 생각하였다.

「나는 큰 부자의 출신으로 출가하여 도를 배우면서 편안을 얻지 못하고, 이제 사람도 없는데, 홀로 와서 두려움과 싸운다.」

그 때 부처님이 곁에 와서 오시어 한 나무 밑에 앉아 그에게 물으셨다.

『너는 여기서 혼자 무섭지 않느냐』

비구는 머리를 조아려 사뢰었다.

『이런 산에 들어온 적이 없었아온데, 처음으로 여기 있아오니 실로 두렵나이다』잠시 뒤에 어떤 큰 들코끼리가 근처에 와서 한 나무를 의지하고 혼자 누웠다.

『너는 이 코끼리가 어디서 왔는지 아느냐』

『알 수 없나이다』

『이 코끼리는 크고 작은 권속이 五백여 마리인데, 코끼리들을 귀찮게 여겨 홀로 여기 와서 스스로 생각하기를 「은정(恩情)과 애욕의 감옥을 떠나 얼마나 유쾌하냐」고 한다. 이 코끼리는 짐승인데도 오히려 한적한 것을 좋아하거늘, 하물며 너는 출가하여 도를 닦으면서 친구를 구하여 어울리려 하는가. 어리석고 어두운 친구는 해가 많을 뿐이다. 혼자 있으면 적이 없으니 차라리 혼자서 도를 닦을 지언정 어리석은 친구를 짝하지 말아야 하느니라』

이에 부처님은 게송으로 말씀하셨다. 그리고 그 비구도 그 게송과 설법을 듣고 아라한이 되었다.

교학품

學무붕류無朋類
不부득선우得善友
寧영독수선獨守善
不불여우해與愚偕

一二

도를 배우는데 따로 친구가 없다
착한 벗을 얻지 못할 때
차라리 나 혼자 선을 닦을지언정
어리석은 무리와 벗하지 말라.

樂낙계학행戒學行
奚해용반위用伴爲
獨독선무우善無憂
如여공야상空野象

一三

바른 맘 고운 행동 살아 가는데
속된 친구 많아서 무엇에 쓰랴
스스로 착하면 근심 없나니
저기 저들 코끼리 걸림 없듯이.

옛날 부처님이 사위국의 기수급고독원(祇樹給孤獨園)에 계시면서 설법하셨다.

그때 한 젊은 비구가 있었는데 완고하고 어리석고 질박하고 순박하나 성질이 거칠어 도를 알지 못했다. 또 항상 음욕이 왕성하여 스스로 억제하지 못했다. 그래서 늘 번민하던 중 하루는 가만히 앉아 생각하였다.

「이 음욕의 뿌리(陰根＝陰莖)를 끊어 버려야 마음이 청정하게 되어 도를 알 수 있으리라.」

그는 시주의 집으로 가서 도끼를 빌려 왔다. 방에 들어가 그의 음경(陰莖)을 끊으려 하면서 바로 앉아서,

「이 음경이 나를 피롭히면서 수없는 겁 동안 생·사에 헤매게 한 것은 색욕(色欲)때문이다. 이것을 자르지 않으면 도를 얻을 인연이 없을 것이다.」

하고 다짐하였다.

부처님은 그 일을 아시고 곧 그 방에 들어가 비구에게 물으셨다.

『너는 무엇을 하려고 그러느냐?』

그는 곧 도끼를 놓고 옷을 입은 뒤 부처님께 예배하고 사정을 말씀 드렸다.

부처님은 말씀하셨다.

『너는 어찌 그다지 어리석으냐. 도를 얻으려면 먼저 그 어리석음을 끊고 그 다음에 마음을 제어하여야 한다. 마음은 선·악의 근본이다.

그 음욕의 근본을 끊으려 하면 먼저 그 마음을 제어하여야 안정되고 뜻이 풀린 뒤에 라야 도를 얻게 되는 것이다.」

이에 부처님은 게송으로 말씀하셨다. 부처님의 말씀하심을 듣고 그 비구는 마음이 열려 거룩한 가르침을 알아듣고 마침내 아라한이 되었다.

一四

學_학先_선斷_단母_모　　먼저 음욕의 근본을 끊으라
率_솔君_군二_이臣_신　　임금이 다만 두 신하만 거느려
廢_폐諸_제營_영從_종　　많은 관리 상대 안하듯 해야
是_시上_상道_도人_인　　이것이 훌륭한 도인이니라.

주석

1. 비바시 부처님(毘婆尸佛)……과거 일곱 부처님 가운데 한분, 사람의 수명 八만四천세 때에, 출현하여 一회설법때 十六만八천인 二회설법때 十만인, 三회설법때 八만인을 제도했다고 함,

2. 영추산(靈鷲山)……기사굴산(耆闍崛山)의 번역이며 마갈다국 왕사성 부근에 있는 산 이름인데, 부처님이 이곳에서 많은 설법을 하셨다. 이 산에는 신선이 많이 있고 독수리가 많았다고 함.

3. 기수급 고독원(祇樹給孤獨園)……범어 Jetavananathupin dada syarama 기원(祇園)·고독원(孤獨園)이라고도 함. 사위성 一마일 지점에 있고 기원정사가 있는 동산으로 부처님이 이곳에서 많은 설법을 하셨다. 기타태자의 동산인데 급고독장자 곧 수달장자가 이곳에 절을 지어 함께 받침.

三、 자인품 (慈仁品)

옛날 부처님께서 왕사성에 계셨다. 그 성밖 五백리 산속에 백二十명이 살고 있었다. 그들은 나무하는 것과 사냥하는 것으로 업을 삼았고 농사는 짓지 않았다.

부처님은 거룩한 지혜로 그들을 구제할 수 있다고 생각하시고, 그 집으로 가서 한 나무 밑에 앉아 계셨다. 남자들은 모두 사냥나가고 여자들만이 남아 있었다. 그들은 부처님의 광명이 온 천하를 환히 비추어 산속의 나무와 풀이 황금빛으로 변할 정도임을 보고 모두 놀라고 기뻐서 예배하고 자리를 마련해 드렸다. 부처님은 그 여자들을 위해 살생하는 죄와 자비를 행하는 복과 사랑하는 이와 헤어지는 진리를 말씀하셨다. 그들은 기뻐하여 사뢰었다.

『저희들은 고기만 먹고 사나이다. 공양을 올리고자 하오니 원컨대 받아주소서.』

『모든 부처님 법에는 고기를 먹지 않느니라. 그리고 나는 이미 밥을 먹고 왔으니 새로 준비할 필요가 없다』부처님은 이어 말씀하셨다.

『대저 세상에 먹을 것이 수없이 많은데 왜 유익한 음식을 놓아두고 온갖 생물을 죽여 그것을 먹고 살아 가는가. 죽어서는 지옥에 떨어질 것이니. 손해가 될뿐 이익이 없느니라. 다섯가지 곡식을 먹으면서 중생들을 가엾이 여겨야 하느니라. 아무리 보잘것 없는 곤충이라도 살기를 좋아하지 않은 것은 없으니 남의 목숨을 죽여 내 몸을 살리면 그 죄가 없어지지 않나니, 인자한 마음으로 생명을 죽이지 않으면 세상세상에 근심이 없느니라.」

부처님은 이어 게송으로 말씀하셨다. 부처님이 설법하실 때 남자들이 돌아와 질투심으로 부처님을 해치려 하였으나, 부인들의 충고로 허물을 뉘우치고 법문을 듣고 기뻐하며 五계를 받았다. 부처님은 그 곳 관장(官長)에게 말하여 농토를 주어 농사를 짓고 화평하게 살게 하셨다.

爲_위仁_인不_불殺_살
爲_위能_능攝_섭身_신
是_시處_처不_불死_사
所_소適_적無_무患_환

―――――

一五

어진 마음으로 살생하지 않고
항상 길드려 익혀 놓으면
이것은 영원히 죽지 않는 것
가는 곳마다 근심 없어라.

자인품

不殺爲仁 불살위인
愼言守心 신언수심
是處不死 시처불사
所適無患 소적무환

一六

어질면 살생하지 않는것
말을 삼가 본심 지켜라
그것은 영원히 사는법
가는 곳마다 걱정 없어라.

옛날에 화묵(和默)이라는 큰 나라의 임금이 변두리의 나라여서 악직 불법의 교화를 모르고 범지와 외도와 무당등 삿된 일을 받들어 생물을 죽여 제사하는 것을 좋아했다.

그 때 왕의 어머니가 중병에 걸려 의사들의 약효도 보지 못하였고, 또 무당들의 기도로도 낫지 않았으며 二백인의 바라문의 지시에 따라 네 산과, 해와 달과 별들에게 제사하고, 백마리 짐승과 갖가지 중생을 죽여 제사하기 위해, 사람·코끼리·말·소·양등 백마리를 몰고 갈때 그 길에는 슬픈 울음소리가 천지를 진동하였다.

부처님은 국왕의 어리석음을 가엾이 여겨, 대중들을 데리고 그 나라로 가셔서 성동

문 길에서 그들 일행과 만났다. 왕은 멀리서 부처님의 광명과 위의를 보고 수레에서 내려 부처님께 예배하였다.

『어디로 가는 길이오.』 왕은 두 손을 마주잡고 사뢰었다.

『온 나라가 오랫 동안 병을 앓아 모든 짓을 다 해 보았나이다. 지금은 처음으로 별들과 다섯 큰 산에 어머님을 위해 병이 낫기를 빌려 하나이다.』

부처님은 말씀하셨다.

『곡식을 얻으려면 밭을 갈고 씨를 뿌려야 하고, 부자가 되려면 보시를 해야하며, 장수하려면 큰 자비를 행해야 하고 지혜를 얻으려면 배우고 물어야 하는 것이오. 이 네가지 일을 하므로 심은 것 따라 결과를 얻는 것이오.

부귀한 사람이 가난한 사람의 음식을 탐하지 않듯 하늘들은 보배 궁전 좋은 옷에 감로의 음식 버리고 더러운 인간 음식 즐기지 않소.

음란(淫亂)을 받들어 제사하면서 많은 목숨 죽여 한 사람 구하려 한들 어찌 그리 지 않을 것이오.』

부처님은 이어 게송으로 말씀 하셨다.

그리고 국왕 화목은 부처님의 설법과 게송을 듣고 기뻐하여 도를 얻었으며 앓던 어머니도 환희하여 병이 났다. 또 一백 범지들도 부끄러워 허물을 뉘우치고 부처님의 제자가 되었다.

51 자인품

一七

若人壽百歲 약인수백세
勤事天下神 근사천하신
象馬用祭祀 상마용제사
不如行一慈 불여행일자

한평생 백년 동안 오래 살면서
수없는 귀신에게 정성드리고
코끼리와 소 돼지로 제사하여도
한번의 자비를 행한 것만 못하다.

四、 쌍요품(雙要品)

옛날 사위국의 바사익왕은 부처님 계신곳으로 갔다. 수레에서 내려 칼을 풀고 신을 벗고은 몸을 땅에 던져 발아 예배한 뒤에 사뢰었다.

『이 나라 사람들로 하여금 부처님의 지극히 존엄하심을 알도록 하고, 또한 중생들로 하여금 귀신과 무당들을 멀리하고 모두 다섯 가지 계율을 받들게 하여 나라의 우환을 없으려 하나이다.』

부처님은 말씀하셨다.

『대저 나라의 주인은 밝음으로 백성들을 인도하고 도로써 오는 세상의 복을 구해야 하오.』

왕은 사뢰었다.

『지극한 정성으로 청하옵고 물러가 음식을 준비 하겠나이다.』

왕은 돌아가 손수 음식을 만들고 몸소 부처님과 스님네를 청하여 네거리로 나갔다. 부처님은 공양을 마치시고 네거리에서 왕을 위해 설법하셨다. 구경하는 이도 수없이 많았다.

그때 두 상인이 있었는데, 한 사람이 말했다.
『부처님은 제왕과 같고 제자들은 충신과 같다. 부처님이 법을 설명하시면 제자들은 그것을 외워 널리 알린다. 저 왕은 참으로 현명하다. 부처님을 높일줄 알고 마음을 굽혀 받드는구나.』

또 한 사람은 말하였다.
『저 왕은 어리석다. 자기가 국왕인데 또 무엇을 더 구하는가. 저 부처는 마치 소와 같고 제자들은 마치 수레와 같다.』

그들은 어떤 여인숙에서 술을 같이 마시면서 이야기하고 있었다. 착한 생각을 가진 사람은 四천왕이 보호하고, 나쁜 생각을 가진 사람은 태산지옥(太山地獄)의 귀신이 들어 술이 취해 술집에서 나와 길바닥에 누워 뒹굴다가 이튿 새벽에 五백대의 수레가 지나가면서 그는 깔려 죽였다. 그 길동무는 이튿날 죽어있는 벗을 보고,

「만일 이대로 돌아가면, 반드시 사람을 죽이고 재물을 빼앗았다고 의심 받을 것이다. 이웃 나라로 가자」
마침 그 나라에서는 왕이 죽고 태자가 없었다. 그 나라 예언에 「다른 나라의 미천한 사람이 와서 왕이 된다. 죽은 왕의 신기한 말이 있어 왕이 될 만한 사람을 보고 무릎을 꿇으리라.」하였다. 사람들은 곧 그 말을 장엄하여 왕을 구하러 나갔고 그 상인도 그

나라로 나갔다.

말은 무릎을 꿇고 그 상인을 보고 상인의 발을 핥았다. 그리하여 그는 왕의 자리에 앉아 나라 일을 보게 되었다.

그는 여러 신하들과 함께 멀리 사위국을 향해 기원하였다.

『이 미천한 사람이 부처님의 은혜를 입어 이 나라의 왕이 되었나이다. 내일은 아라한들과 함께 이곳을 돌보아 주소서.』

이때 부처님은 아난에게 말씀하셨다.

『여러 비구들에게 내일 저 왕이 청할 때 모두 신통으로 저 나라의 왕과 인민들을 기쁘게 하라.』

이튿날 그 일행은 모두 신통을 부려 그 나라로 가서 차례로 법답게 앉았다. 부처님은 공양을 마친 뒤 왕을 위해 설법하셨다.

『옛날 저 나라 대왕이 네거리에서 부처님께 공양할 때 왕은 「부처님은 국왕과 같고 제자들은 신하와 같다」 생각하였소. 왕은 그 좋은 종자를 심었기 때문에 지금 스스로 그 결과를 얻은 것이오. 지금 왕이 된 것은 어떤 용맹으로 된 것이 아니고 선을 하면 복이 되고 악을 하면 화가 되는 것이오. 다 제가 짓는 것이고, 신이나 귀신이 줄 수 없는 것이오.』

부처님은 이어 게송으로 말씀하셨다.

一八

心심爲위法법本본
心심尊존心심使사
中중心심念염惡악
即즉言언即즉行행
罪죄苦고自자追추
車거轢력於어轍철

마음은 모든것의 근본이 되어
주인으로 모든 일 시키는구나
마음으로 악한 일 생각하면
그 말 그 행동 모두 그런것
허물과 괴로움이 뒤 따르는 것
바퀴가 수레를 따르듯 하네.

一九

心심爲위法법本본
心심尊존心심使사

마음은 모든 것의 근본이 되어
주인으로 모든 일 지키는구나

All that we are is the result of what we have thought: it is founded on our thoughts, it is made up of our thoughts. If a man speaks or acts with an evil thought, pain follows him, as the wheel follows the foot of him who draws the carriage.

中중心심念념善선
即즉言언即즉行행
福복樂락自자追추
如여影영隨수形형

마음으로 착한 일 생각 한다면
그 마음 그 행동 또한 그런 것
편안과 행복이 뒤 따르는 것
그림자가 형체를 뒤 따르듯이。

二〇、

人인若약罵매我아
勝승我아不불勝승
快쾌意의從종者자
怨원終종不불息식

그는 나를 헐뜯고 욕했다
내게 이겼다 나를 꾸짖었다
이렇게 새겨 마음에 별르면
원한이 마침내 쉬지 않으리。

All that we are is the result of what we have thought: it is founded on our thoughts, it is made up of our thoughts. If a man speaks or acts with a pure thought, happiness follows him, like a shadow that never leaves him.

"He abused me, he beat me, he defeated me, he robbed me,"—hatred in those who harbor such thoughts will never cease.

若人致毀罵
彼勝我不勝
快樂從意者
怨終得休息
不可怨以怨
終以得休息
行忍得息怨
此名如來法

二

나를 욕하고 꾸짖더라도
네가 이기고 내가 졌어도
가볍게 마음에 즐거움 두면
원한이 마침내 사라지리랑.

三

원한으로 원한을 갚는다 하면
마침내 원한이 쉬지 않으리
참는 마음 원한을 쉬게 하는
이것이 참다운 여래의 법이네.

"He abused me, he beat me, he defeated me, he robbed me,"—hatred in those who do not harbor such thoughts will cease.

For harted does not cease by hatred at any time: hatred deases by love; this is an old rule

不불好호責책彼피
務무自자省성身신
如여有유知지此차
永영滅멸無무患환

一三

남의 허물 꾸짖기 좋아 말고
스스로 잘못을 힘써 살피라
만일 이렇게 알고 행하면
길이 잊으리 환란이 없어지리.

行행見견身신淨정
不불攝섭諸제根근
飮음食식不부節절
漫만墮타怯겁弱약
爲위邪사所소制제

二四

즐거움만 따라 편하려 하지 말라
감관(感官)을 다스리지 못하여
먹고 마심에 절제가 없고
게으르고 약하고 겁만 많으면
삿된데 얽히고 억눌리나니

And some do not know that we must all come to an end here; but others know it, and hence their quarrels cease.

He who lives looking for pleasures only, his senses uncontrolled, immoderate in his enjoyments, idle and weak, Māra (the tempter) will certainly overcome him, as the wind throws down a weak tree.

如ᄋᆖ風풍靡미草초 ——— 약한 풀이 바람에 쓸어지듯 하리라.

二五

觀관身신不부淨정 육신을 더러운 것이라 보아

能능攝섭諸제根근 감관을 낱낱이 다스린다면

食식知지節절度도 먹고 마심에 절제가 있고

常상樂락精정進진 항상 정진하여 게으르지 않으며

不불爲위邪사動동 삿된데 빠지지 않나니

如여風풍大대山산 바람이 태산을 움직이지 못하듯이.

..e who lives, without looking for pleasures, his senses well controlled, in his enjoyments moderate, faithful and strong, Māra will certainly not overcome him, any more than the wind throws down a rocky mountain.

二六

不불 吐토 毒독 態태
慾욕 心심 馳치 騁빙
未미 能능 自자 調조
不불 應응 法법 衣의

악독한 말 버릇 버리지 않고
세속의 욕심대로 치달리면서
스스로 자기를 억제하지 못하면
출가한 법의(法衣)가 부끄럽지 않을까。

二七

能능 吐토 毒독 態태
成성 意의 安안 靜정
降강 心심 己기 調조
此차 應응 法법 衣의

악독한 말 버릇 버려 버리고
고요히 편안히 가라 앉히어
마음을 항복 받고 스스로 길드리면
이것이 법복을 입을 수 있는 사람。

He who wishes to put on the sacred orange-colored dress without having cleansed himself from sin, who disregards also temperance and truth, is unworthy of the orange-colored dress.

But he who has cleansed himself from sin, is well grounded in all virtues, and regards also temperance and truth, is indeed worthy of the orange-colored dress.

옛날에 수달장자(須達長子)는 기타태자의 동산에 절을 지어 부처님께 바치고 부처님과 스님들을 청하여 한 달 동안 공양하였다. 부처님은 법을 널리 말씀하시어 그들로 하여금 모두 도를 얻게 했다. 그래서 태자 기타는 기뻐하면서 동궁(東宮)으로 돌아와 부처님 덕을 찬탄하고 좋은 일을 행하여 스스로 즐거워 하였다.

기타태자의 아우 유리(瑠璃)는 늘 왕의 곁에 있었는데, 그때 왕은 평복을 입고 신하들과 왕비, 궁녀들과 함께 부처님께 나아가 일심으로 설법을 듣고 있었다.

그때 아첨하는 신하 아살타의 무리들은 간사한 꾀를 내어 유리에게

『시험삼아 대왕의 차림을 하고 대왕의 자리에 앉아 보십시오. 어찌 대왕과 같지 않겠나이까.』*

이에 유리는 곤룡포를 입고 용상에 올라 앉았다. 아첨하는 신하들은 모두 함께 절하고

『꼭 대왕과 같읍니다. 이제야 오랫만에 저희 백성들의 소원을 풀 기회를 만난듯 하옵니다. 어찌 저 태자로 하여금 그 자리를 가지게 해서야 되겠읍니까.』

유리는 곧 부하들을 거느려 갑옷 입고 무장을 한뒤 기타숲 절로 가 대왕을 몰아내 궁으로 돌아 오지 못하게 하였다. 그리고 기타동산 안에서 왕의 관리들과 싸워 왕의 가까운 신하 五백여명을 죽였다. 왕은 부인과 함께 밤낮으로 걸어 사위국으로 달아나다 가 도중에서 굶주려 풀뿌리를 먹어 배가 부어 죽었다.

그 다음 유리는 거리낌 없이 칼을 빼어 들고 동궁으로 들어가 그 형 기타를 찔러 죽였다. 기타 태자는 세상의 덧없음을 알기 때문에 조금도 두려움 없이 얼굴 빛도 변하지 않았고 도리어 웃음을 머금고 기쁜 듯 그 칼날을 달게 받았다. 아직 목숨이 끊어지기 전에 허공에서 자연의 음악 소리가 들리면서 그 영혼을 맞이해 갔다.

부처님은 기타 통산에서 게송으로 말씀하셨다.

二八

造_조喜_희後_후喜_희
行_행善_선兩_양喜_희
彼_피喜_희惟_유歡_환
見_견福_복心_심安_안

이승에서 기쁘고 저승에서 기쁘고
착한 일한 사람 모두 기쁘도다
기쁘고 즐거움이 가득한 마음
보는 것 마다 복이요 마음 편해라.

The virtuous man delights in this world, and he delights' in the next; he delights in both. He delights, he rejoices, when he sees the purity of his own work.

今금歡환後후歡환
爲위善선兩양歡환
厥궐爲위自자祐우
受수福복悅열豫에

二九

이승에서 기쁘면 저승에도 기쁨일세

착한 마음 어덴들 기쁘지 않겠는가

스스로 쌓인 복이 나를 돕나니

길이 받는 그 행복 더욱 기뻐라.

The virtuous man is happy in this world, and he is happy in the next; he is happy in both. He is happy when he thinks of the good he has done; he is still more happy when going on the good path.

이때 유리왕은 곧 군사를 일으켜 사위국을 치고 석씨 종족으로 도를 깨달은 사람들을 죽이는 등 잔인하고 무도하여 다섯가지 역죄(逆罪)를 모두 범하였다. 부처님은
『그는 효도하지 않고 충성하지 않은 등 온갖 죄가 모두 깊고 중하다. 지금부터 이레 뒤에는 반드시 지옥 불에 타 죽을 것이다.』 유리의 앞날을 예언 하셨다. 그리고 태사(太史)의 예언도 부처님 예언과 같았다.
왕은 그 말을 듣고 매우 두려워하여, 곧 배를 타고 바다로 들어가,
『나는 지금 물에 산다. 불이 어떻게 올 수 있겠는가』 하였다. 그러나 이레 되는 한

낮 저절로 불이 일어났다. 물 속에서 불이 일어나 배를 태워 빠뜨리고 또 왕에게도 불이 붙자 왕은 그 독한 열을 무서워하며 목숨이 끊어졌다. 그때 부처님은 게송으로 말씀하셨다.

三〇

造우憂후後우憂우 앞에도 근심이면 뒤도 따라 근심일세
行행惡악兩양憂우 악한 맘 언제나 근심 덩어리
彼피憂우惟유懼구 저것도 두려웁고 이도 또한 걱정이니
見견罪죄心심懅거 죄 지은 마음 언제나 떨리네.

The evil-doer mourns in this world, and he mourns in the next; he mourns in both. He mourns, he suffers when he sees the evil of his own work.

今금悔회後후悔회
爲위惡악兩양悔회
厥궐爲위自자殃앙
愛애罪죄熱열惱뇌

三一

이승에서 뉘우치고 저승에서 뉘우치고
악한 마음 후회한들 이제야 어찌하리
재앙이 닥쳐 올까 스스로 번민하고
죄받는 그 날에 뜨거운 고통일세。

부처님은 이 게송을 마치시고、 여러 비구들에게 말씀하셨다。

『태자 기타는 영화로운 지위를 탐하지 않고 죽으면서도 도를 생각하여서 천상에 태어나 끝없는 안락을 누리고、 유리왕은 미치고 어리석어 욕심대로 하다가 죽어서 지옥에 떨어져 한없는 고통을 받는다。 세간의 부귀와 빈천은 다 덧없는 것으로 돌다가나니 그러므로 뜻 높은 선비는 목숨을 버리더라도 행을 바르게 하는 것으로 보배를 삼느니라。』

부처님이 이렇게 말씀하실 때 대중들은 모두 믿고 받들어 행하였다。

The evil-doer suffers in this world, and he suffers in the next; he suffers in both. He suffers when he thinks of the evil he has done; he suffers more when going on the evil path.

옛날 기사굴산(耆闍崛山) 뒤에 七十여 호의 바라문의 마을이 있었다. 부처님은 그 마을에 가시던 도중 길에서 신통을 나타내셨다. 그들은 부처님의 광명과 도태가 거룩함을 보고 모두 공경하고 항복하였다.

부처님은 나무 밑에 앉아 그들 범지들에게 물으셨다.

『이 산에서 몇 대(代)나 살았으며 어떤 생업을 하는가.』

『여기서 三十여 대를 살았으며 농사와 목축으로 업을 삼나이다.』

『어떤 행을 닦아 생·사를 떠나려 하는가.』

『해와 달, 물과 불을 섬기면서 제사하나이다. 만일 사람이 죽으면 모두 모여 범천에 나기를 기원하고 그로써 생·사를 떠나나이다.』

부처님은 그들에게 말씀하셨다.

『대개 농사짓고 목축하거나 또는 해·달과 물·불에 제사 하거나 설사 기도하는 하늘에 난다 하더라도 그것은 생사를 해탈하여 영원히 사는 법은 아니다. 그것은 도의 지혜가 없기 때문에 다시 생사의 세계에 떨어지는 것이다.

그러므로 세속을 떠나 청정한 마음을 닦고 고요한 이치를 행하여야 열반을 얻을 수 있느니라.』

그때 부처님은 이어 게송으로 말씀하셨다.

쌍요품

以이眞진爲위僞위
以이僞위爲위眞진
是시爲위邪사計계
不부得득眞진利이

見견僞위知지僞위
知지眞진爲위眞진
是시爲위正정計계
必필得득眞진利이

二二

진실을 거짓으로 여기고
거짓을 참으로 삼으면
이것은 곧 삿된 소견이니
참다운 이익을 얻지 못하리.

二三

진실을 알고 진실을 생각하며
거짓을 보고 거짓인줄 알면
이것이 진실된 소견이니
반드시 참된 이익 있으리.

They who imagine truth in untruth, and see untruth in truth, never arrive at truth, but follow vain desires.

They who know truth in truth, and untruth in untruth, arrive at truth, and follow ture desires.

七十명 바라문은 부처님 법문을 듣고 사문이 되기를 원하였다. 부처님은 그들과 함께 절로 돌아오시는 도중에 그들이 처자를 사모하여 각기 물러날 뜻이 있는 것을 보셨고 그때 마침 비가 내려 그들의 마음을 더욱 우울하고 답답하게 하였다. 부처님은 신통으로 길가에 수십 간의 집을 짓고 그 안에 들어가 비를 피하였다. 그 때 지붕이 뚫어져 비가 새었다. 부처님은 지붕 새는 것을 계기로 다음 계송을 읊으셨다.

三四

蓋屋不密 지붕을 잘 덮지 못하면
天雨則漏 비올 때 물이 새나니
意不惟行 마음을 삼가하지 못하면
淫洗爲穿 탐욕의 싹이 뚫고 나온다.

/ As rain breaks through an ill-thatched house, passion will break through an unreflecting mind.

蓋屋善密 _{개옥선밀}
雨則不漏 _{우즉불루}
攝意惟行 _{섭의유행}
淫泆不生 _{음일불생}

三五

지붕을 잘 이어 덮으면
비올때 새지 않나니
마음을 거두고 행을 삼가면
탐욕의 쌓이 나지 않으리.

그 七十명 비구들은 이 게송을 듣고 억지로 애써 보았으나 마음이 답답하였다。비가 그쳐 앞으로 나갈 때 땅에 떨어져 있는 종이를 보고 부처님은、
『그것을 집으라』고 말씀하셨다。비구들은 분부대로 그것을 집었다。부처님은 비구들에게 물으셨다。
『그것은 무엇에 쓰였던 종이라고 생각되느냐。』
『이것은 향을 쌌던 종이입니다, 버려져 있지만 향내가 아직 있나이다。』또 좀 더 가는데 새끼 토막이 길에 떨어져 있었다。부처님은 또 비구들에게
『저것을 집으라』하시고 다시 물으셨다。

As rain does not break through a well-thatched house, passion will not break through a well-reflecting mind.

『그것은 무엇했던 새끼라고 생각되느냐』
『이 새끼에는 비린내가 아직 나고 있아오니 생선을 꿰었던 새끼인가 하나이다』
부처님은 비구들에게 말씀하셨다.
『대저 어떤 중생이든 본래는 깨끗하지만, 모두 인연을 따라 죄와 복을 일으킨다. 현명한 이를 가까이 하면 도의 뜻이 높아지고 우매한 이를 벗하면 재앙이 오는 것이다. 마치 향을 가까이 하였기 때문에 향내가 나고 생선을 꿰었기 때문에 비린내가 나는 것과 같아서 차츰 물들어 친하면서도 사람들은 그것을 깨닫지 못하느니라.』
부처님은 이어 게송으로 말씀하셨다.

三六

鄙夫染人 악한이 사람을 물들이는 것은
비부염인
如近臭物 나쁜 냄새 가까이 하는 것 같아
여근취물
漸迷習非 조금씩 미혹돼 잘못을 익히다가
점미습비
不覺成惡 알지도 못할 사이 악인이 된다.
불각성악

賢^현夫^부染^염人^인
如^여附^부香^향薰^훈
進^진智^지習^습善^선
行^행成^성芳^방潔^결

三七

어진이 사람을 물들이는 것은

향내를 가까이 쪼이는 것 같아

지혜를 밝히고 선을 익히어

법다이 행하여 거룩해 진다.

七十명 사문들은 이 게송을 거듭 듣고 집에 대한 욕심이 더러운 덩굴이요, 아내와 자식은 수갑인줄로 알아 견고한 믿음을 내어 수행해서 마침내 아라한의 도를 얻었다.

雖^수誦^송習^습多^다義^의
放^방逸^일不^부從^종正^정

三八

경전을 많이 배워 외운다해도

방일하여 바른 행 하지 못하면

如여 牧목 數수 他타 牛우
難난 獲획 沙사 門문 果과

남의 소를 세는 것 같아
출가한 그 보람 얻기 어렵다.

行행 道도 如여 法법
時시 言언 少소 求구
除제 婬음 怒노 痴치
覺각 正정 意의 解해
見견 對대 不불 起기
是시 佛불 弟제 子자

三九

알맞은 말만을 골라서 하고
법다히 도를 행하여
음심 끊고 성냄과 어리석음 없어져
바로 알고 바로 깨달아
모든 경계에 움직이지 않아야
이것이 참다운 부처님 제자.

The thoughtless man, even if he can recite a large portion (of the law), but is not a doer of it, has no share in the priesthood, but is like a cowherd counting the cows of others.

The follower of the law, even if he can recite only a small portion (of the law), but, having forsaken passion and hatred and foolishness, possesses true knowledge and serenity of mind, he, caring for nothing in this world, or that to come, has indeed a share in the priesthood.

주석

1. 아난(阿難)…범어 Ananda 부처님 제자 가운데 부처님 설법을 제일 많이 들은 다문 제일(多聞第一)의 제자, 부처님의 四촌동생으로 八세에 출가하였고 본래 미인으로 여인의 유혹을 받았지만 지조(志操)가 견고하여 파계(破戒)하지 않고 수행을 완성했으며, 부처님 멸도(滅度)하신 뒤에 대가섭존자(大迦葉尊者)를 중심으로 하는 제一차결집(結集)때에 부처님의 설법을 외워내는 역을 했다. 二○년동안 부처님을 모시는 시자(侍者)가 되었다.

2. 수달장자(須達長者)…범어 Sutdatta 석존과 같은 때 사위성에 살던 부호장자로 비궁하고 고독한 이를 잘 도와주었으므로 혜시(惠施)・급고독(給孤獨)이라 했다. 그는 기타태자의 동산에 거대한 기원정사를 지어 부처님께 받친 당시의 유력한 불자.

3. 기타태자(祇陀太子)…범어 Jeta:Jetr 승(勝)・전승(戰勝)이라 번역하며 수달장자의 신심에 감하여 자기의 공원을 부처님께 받치고 부처님 설법을 듣고 불자가 되다. 바사익왕의 장자로서 아우 유리태자의 반란으로 죽을 때에 웃으며 태연자약할 정도의 불심을 얻어 부처님이 크게 칭찬하시다.

4. 유리왕(瑠璃王)…범어 Viruḍhaka 사위국왕 바사익왕의 아들로 태어나 부왕이 없을때 왕위를 찬탈한 뒤 가비라국을 정벌하여 석씨종족을 멸망했으며 곧 비명횡사하다.

5. 기사굴산(耆闍崛山)…영추산(靈鷲山)의 범어 이름, 교학품 주석 참조.

五、 방일품(放逸品)

 옛날 부처님이 세상에 계실 때 일이다. 五백명 상인들이 여러가지 보물을 많이 가지고 본국으로 돌아가는 길에 깊은 산을 지나다가 도깨비에 홀리어 양식은 떨어지고 몹시 고생하다 굶어 죽고 그들이 가졌던 보물은 산중에 다 흩어렸다.

 그 때 한 사문이 그 산에서 공부하고 있다가 그 보물들을 보고 곧 욕심이 생겼다.

 『내가 여기서 수도한지 이미 七년이 지났지만 아직 도는 얻지 못한채 가난만이 남았다. 이 보물들은 주인이 없으니 이것을 가지고 환속하여 가정을 꾸미자.』

 그는 보물들을 감추어 두고 곧 산을 나가 형과 아우를 불러 그것을 지고 돌아가게 되었다. 부처님은 그 비구를 제도하기 위해 한 비구니로 화(化)하여 머리를 깎고 법복을 입고 법에 어겨 일부러 눈썹을 그리고 갖은 화장을 한 뒤 금·은 영락으로 몸을 장식하고는 산으로 들어가는 길에서 그 사문을 만나 땅에 엎드려 예배하고 안부를 물었다. 그러자 그 사문은 그 비구니를 꾸짖으며 말하였다.

 『도를 닦는 이가 그럴 수가 있는가. 머리를 깎고 법복을 입었으면서, 어떻게 눈썹을 그리고 화장을 하고 영락으로 몸을 장식하였는가.』 비구니는 대답했다.

「사문의 법에 그럴 수가 있읍니까. 부모를 하직하고 도를 닦는 이가 마음이 고요하여야 할 것이어늘 옳지 못한 재물을 취합니까. 또한 탐욕 때문에 도를 잊어 버리고 향락의 마음을 내어 방일하면서 무상을 생각지 않습니까. 세상에 사는 것은 나그네와 같고 죄의 갚음은 늘어만 가는 것입니다.」

이에 그 비구니는 그를 위해 게송으로 말하였다.

四〇

戒爲甘露道　계를 감로의 길로 알고
放逸爲死徑　방일을 죽음의 길로 알라
不貪則不死　탐하지 않으면 죽지를 않고
失道爲自喪　도를 잃으면 죽고마나니.

Reflection is the path of immortality, thoughtlessness the path of death. Those who reflect do not die, those who are thoughtless are as if dead already.

四一

慧ᅘ知ᅑ守ᅲ道ᅩ勝ᄉ
終ᄌᆼ不ᄇᆯ爲위放방逸ᅵᆯ
不ᄇᆯ貪ᄐᆞᆷ致ᅔ歡ᄎᆞᆫ喜희
從ᄌᆼ是시得ᄃᆞᆨ道도樂라

지혜로 밝은 길 잘 닦으면

마침내 방일하지 않나니

탐욕이 없어져 환희에 이르고

성도의 법열(法悅)얻게 되리라.

四二

常상當ᄃᆞᆼ惟유念념道도
自ᄌᆞ强강守슈正ᄌᆼ行ᄒᆡᆼ
健견者ᄌᆞ得ᄃᆞᆨ度도世세
吉길祥상無무有유上상

도를 항상 마음속 깊이 생각해

굳세게 바른 행을 내가 지키면

생사의 이 언덕 힘차게 건너

위 없이 좋은 곳 가서 나리라.

Having understood this clearly, those who are advanced in reflection, delight in reflection, and rejoice in the knowledge of the Ariyas (the Elect)

These wise people, meditative, steady, always possessed of strong powers, attain to Nirvaṇa, the highest happiness.

正念常興起 정념상흥기
行淨惡易滅 행정악이멸
自制以法壽 자제이법주
不犯善名增 불범선명증

四三

언제나 바른 생각 항상 일으켜

하는 일 거룩하고 악이 사라져

스스로 법에 따라 몸을 다루면

거룩한 이름이 나날이 높아가리.

發行不放逸 발행불방일
約以自調心 약이자조심
慧能作錠明 혜능작정명
不返冥淵中 불반명연중

四四

이리저리 허둥대 방일하지 않고

마음을 자제하여 언제나 조심하라

지혜의 저 언덕 얼른 건너가

급한 물결 다시는 젖지 않으리.

If a reflecting person has roused himself, if he is not forgetful, if his deeds are pure, if he acts with consideration, if he restrains himself, and lives according to law,— then his glory will increase.

By rousing himself, by reflection, by restraint and control, the wise man may make for himself an island which no flood can overwhelm.

부처님이 말씀하셨다.

「옛날에 소를 먹이는 어떤 사람이 자기 소는 내버려 두고 남의 소만 세어 자기의 소유로 생각했다. 날이 감을 따라 버려둔 자기 소는 다른 짐승에게 해를 당하고 혹은 병들어 죽었으며, 혹은 숲 속에 잃어버려 그 수가 날로 줄었지만 그는 그것을 전혀 알지 못하는 지경으로 되어 사람들의 웃음거리가 되었다.

이와 같이 공부하는 사람으로서 아무리 많이 듣고 많이 안다 해도 스스로 그 법을 실천하지 않고, 함부로 남만을 가르치려 하면, 그것은 마치 소먹이는 저 사람이나 다름이 없다. 스스로 자기를 바루지 못하고 어떻게 남을 바룰수 있으랴」

愚人意難解　　　　　四五
우인의난해

貪亂好諍訟
탐란호쟁송

上智常重慎
상지상중신

護斯爲寶尊
호사위보존

어리석은 사람이 뜻 모르고

시비에 탐착하여 다투기 좋아하고

지혜가 밝은 이는 항상 삼가서

보물을 보호 하듯 내가 나를 지키네.

Fools follow after vanity, men of evil wisdom. The wise man possesses reflection as his best jewel.

四六

莫貪莫好諍
亦莫嗜欲樂
思心不放逸
可以獲大安

탐하지 말라 다투지 말라
내용의 쾌락에 빠지지 말라
마음이 언제나 흔들리지 않으면
큰 즐거움 길이길이 얻어지리라.

四七

放逸如自禁
能却之爲賢
已昇智慧閣
去危爲卽安

방일을 스스로 금할 줄
이것만 물리치면 이 사람 되는 걸
지혜의 높은 누에 올라 선 다음
위험없는 편안이 항상 따르네.

Fllow not after vanity, nor after the enjoyment of love and lust! He who reflects and meditates, obtains ample joy.

When the learned man drives away vanity by reflection, he, the wise, having reached the repose of wisdom, looks down upon the fools, far from toil upon the toiling crowd, as a man who stands on a hill looks down on those who stand on the ground.

明智觀於愚
譬如山與地

밝은 슬기 어리석음 없으면
샘에 올라 평지를 바라보는 듯.

四八

不自放逸
從是多寤
贏馬比良
棄惡爲賢

언제나 스스로 방일하지 않고
항상 깨어 부지런한 사람
날랜 말 하루에 천리를 가듯
악 버리고 어질어 성인이 되네.

Reflecting among the thoughtless, awake among the sleepers, the wise man advances like a racer leaving behind the hack.

방일품

| 不殺而得稱 | 放逸致毀謗 | 不逸摩竭人 | 緣淨得生天 | 比丘謹愼樂 | 放逸多憂愆 | 結使所纏裏 | 爲火燒已盡 |

四九

방일하지 않으면 칭찬을 듣고
방일한 사람 비방을 듣는다
제석천 어진 이도 방일하지 않아
천상의 기쁜 낙을 받았다는 걸.

五〇

비구로서 몸과 마음 삼가하여서
방일을 두려워 겁낼 줄 알면
마음을 얽어매는 번뇌의 덩어리도
지혜의 불로 태워 흔적 없앤다.

By earnestness did Maghavan (Indra) rise to the lordship of the gods. People praise earnestness; thoughtlessness is always blamed.

A Bhikshu (mendicant) who delights in reflection, who looks with fear on thoughtlessness, moves about like fire, burning all his fetters, small or large.

五一

守_수戒_계福_복致_치喜_희
犯_범戒_계有_유懼_구心_심
能_능斷_단三_삼界_계漏_루
此_차乃_내近_근泥_이洹_원

계를 지켜 복과 기쁨 얻고

파계할까 두려워 조심을 하면

삼계의 번뇌 그물 능히 끊고서

마침내 열반* 길에 나아 가나니.

주석

1, 법열(法悅)…진리에 계합하여 생기는 기쁨, 법을 듣거나 행하거나 하여 얻는 것은 마음의 진리의 기쁨

2, 열반(涅槃)…범어 Nirvāna의 음역이니 번역하여 적멸(寂滅)・멸도(滅度)・원적(圓寂)이라 한다. 모든 번뇌의 속박에서 해탈하고 불생불멸(不生不滅)의 절대 무위의 법을 체득했음을 뜻함. 쌍요품 주석 적멸조 참조。

A Bhikshu (mendicant) who delights in reflection, who looks with fear on thoughtlessness, will not go to destruction he is near to Nirvana.

六、 심의품(心意品)

부처님이 계실 때, 어떤 도인은 강가 나무 밑에서 십이년 동안 도를 닦고 있었다. 그러나 탐욕을 버리지 못하고 마음을 날리어 여섯가지 욕심만 생각하였다. 곧 눈은 빛깔·귀는 소리·코는 냄새·입은 맛·몸은 닿임·뜻은 법을 구하여 몸은 고요하나 마음은 늘 들떠 조금도 편히 쉴 새가 없었으므로 십이년 동안에 도를 얻지 못한 것이다. 부처님은 그를 제도할 수 있음을 아시고 사문으로 화(化)하여, 그가 있는 곳으로 가시어 나무 밑에서 같이 잤다. 저녁이 되어 달이 떠오를때 거북이 한 마리가 강에서 나와 나무밑으로 왔다. 굶주린 물개 한 마리가 나와 먹이를 찾다가 거북을 보고 잡아먹으려 했다. 거북은 머리와 꼬리 네 다리를 움추려 껍질 속으로 갖추었다. 물개는 그것을 잡아먹을 수가 없었다.

물개가 조금 떨어져 있으면 거북은 다시 그 머리와 발을 내어 여전히 걸어 다녔지만 물개는 그것을 어찌하지 못했다. 그때 도인은 그 허깨비 사문에게 물었다.

『저 거북은 목숨을 보호하는 갑옷이 있기 때문에 물개도 그 틈을 타지 못하는 것이 아닙니까.』

허깨비 사문은 대답하였다.

『내가 생각하니 세상 사람들은 저 거북이만도 못합니다. 육신이 덧 없음을 알지 못하고 항상 감관을 따라 마음대로 즐깁니다. 이러는 사이 그의 몸은 무너지고 목숨이 떠난 뒤에는 끝없는 생사 속에 다섯세계에 돌아 다니며 백천 가지로 고통을 받나니 힘쓰고 가다듬어 열반의 안락을 구해야 합니다.』

이에 그 허깨비 사문은 게송으로 말했다.

有身不久 유신불구 ─── 이몸 멀지 않아

皆當歸土 개당귀토 ─── 흙이 되고 마는 것을

形壞身去 형괴신거 ─── 몸도 가고 형상도 무너질 때

寄住何貪 기주하탐 ─── 나그네 떠도는 마음 무엇 그리 탐할까.

五二

生死無有量 생사무유량 ─── 나고 죽는 길 한량 없구나,

五三

往來無端緒^{왕래무단서}
求於屋舍者^{구어옥사자}
數數受胞胎^{삭삭수포태}

가고 오는 것 끝이 없구나,
육신을 나로 탐착하는 자
되풀이 태를 받으리.

五四

藏六如龜^{장육여귀}
防意如城^{방의여성}
慧如魔戰^{혜여마전}
勝則無患^{승즉무환}

거북이 육근(六根) 숨기듯
성처럼 튼튼히 뜻을 막아라
지혜로 악마들과 싸워 이기면
그때는 걱정 근심 길이 없으리.

그 비구는 게송을 듣고 탐심이 끊어지고 음욕이 가시어 곧 아라한의 도를 얻었다. 그리고 사문이 부처님임을 알고는 공경하고 엄숙히 머리를 조아려 그 발 아래 예배하였다.

心심多다爲위輕경躁조
難난持지難난調조護호
智지者자能능自자正정
如여匠장이搦익箭전直직
如여魚어在재旱한地지
以이離이於어深심淵연
心심識식極극惶황懼구
魔마衆중이而이奔분馳치

五五.

마음이 가벼워 무게 없으면

지키기 어렵고 걸들이기 어려워하나니

슬기로운 사람은 스스로 바루어

활 장인이 화살을 곧게 만들듯.

五六

고기가 마른 땅에 잡히어 나와

다시는 깊은 못을 못보게 된듯

마음이 당황하고 떨고만 있네

악마의 무리 치닫고 있네。

As a fletcher makes straight his arrow, a wise man makes straight his trembling and unsteady thought, which is difficult to keep, difficult to turn.

As a fish taken from his watery home and thrown on the dry ground, our thought trembles all over in order to escape the dominion of Mara (the tempter).

輕경躁조難난持지
惟유欲욕是시從종
制제意의爲위善선
自자調조則즉寧령

五七

마음이 가벼워 지키지 못하면
욕심을 따라 흐르게 되네
마음을 억제함은 거룩한 일이니
그러면 최상의 편안이 온다.

意의微미難난見견
隨수欲욕而이行행
慧혜常상自자護호
能능守수則즉安안

五八

생각은 미세하여 보기 어려워
욕심을 따라 행하게 되네
지혜를 가지고 스스로 보호하면
마음을 항상 지켜 편안하여라.

It is good to tame the mind, which is difficult to hold in and flighty, rushing wherever it listeth ; a tamed mind brings happiness.

Let the wise man guard his thoughts, for they are difficult to perceive, very artful, and they rush wherever they list: thoughts well guarded bring happiness.

獨독行행遠원逝서
覆복藏장無무形형
損손意의近근道도
魔마繫계乃내解해

心심無무住주息식
亦역不불知지法법
迷미於어世세事사
無무有유正정智지

五九

혼자 멀리 가는 생각

그늘에 덮여서 형체 없어라

마음을 붙들어 도를 닦으면

악마의 속박은 절로 풀리리。

六〇

마음이 머물러 쉴줄 모르고

참다운 진리 또한 모르면

세상 일 아득히 어두워져서

바른 지혜 있을 수 없네。

Those who bridle their mind whicn travels far, moves about alone, is without a body, and hides in the chamber (of the heart), will be free from the bonds of Māra (the tempter).

If a man's thoughts are unsteady, if he does not know the true law, if his peace of mind is troubled, his knowledge will never be perfect.

念무適적止지 생각이 고요히 그치지 않고
不부絶절然무邊변 끝없이 달리어 마지 않나니
福복能능遏알惡악 악을 돌려 복을 만들면
覺각者자爲위賢현 이 이치 깨달을 때 어질어지네.

六一

觀관身신如여空공瓶병 몸일랑 빈병 같이 보고
安안心심如여丘구城성 마음을 성처럼 편안히 하여
以이慧혜與여魔마戰전 지혜로써 악마와 싸워 나가면
守수勝승勿물復부失실 마침내 승리하여 다시 잃지 않으리.

六二

If a man's thoughts are not dissipated, if his mind is not perplexed, if he has ceased to think of good or evil, then there is no fear for him while he is watchful.

Knowing that this body is (fragile) like a jar, and making this thought firm like a fortress, one should attack Mara with the weapon of knowledge, one should watch him when conquered, and should never cease (from the fight).

是시身신不불久구
還환歸귀於어地지
神신識식已이離리
骨골幹간獨독存존

六三

육신은 물질이라 오래지 않아

흙으로 돌아가 없게 되나니

정신이 한 번 몸을 떠나면

앙상한 뼈만 남아 굴러 가리라。

心심豫예造조處처
往왕來래無무端단
念염無무邪사僻벽
自자爲위招초惡악

六四

마음이 하는 가지가지 일

가고 오면서 끝없이

생각에 삿됨이 많으면

마침내 스스로 악을 부르리。

Before long, alas! this body will lie on the earth, despised, without understanding, like a useless log.

Whatever a hater may do to a hater, or an enemy to an enemy, a wrongly-directed mind will do us greater mischief.

是시 非비 可가 爲위
意의 父부 勉면 福복
自자 母모 向향 勿물
造조 爲위 正정 回회

六五

내 업을 내 맘으로 지어 가는 것

부모 친척 탓이라고 할 수 없네

바르게 부지런히 힘써 나가면

얻어진 복 다시는 잃지 않으리。

Not a mother, not a father will do so much, nor any other relative; a well-directed mind will do us greater service.

七、 화향품(華香品)

부처님께서 사위국에 게실때였다. 그 나라의 동남쪽 바다 가운데 누대가 있고, 그 누대 위에는 향기로운 꽃이 향나무가 있었다. 그때 어떤 바동문의 부인 五백명이 비록 외도를 섬겼으나 그 마음은 군세어 매우 부지런히 정진하였는데 부처님 계신 줄은 알지 못하였다. 그들은 저희끼리 의논 하였다.

『우리는 여자의 몸으로 태어나, 어려서부터 늙을때 까지 세 가지에 얽매어 자유가 없다. 또 몸은 허깨비 같고 목숨은 짧아 죽고 말 것이니, 우리 저 누대에 가서 향기로운 꽃을 꺾고 정진하면서 재(齋)를 올리고 범천을 내려 오시도록 청하여 소원 성취를 빌자, 「원컨대 범천에 나서 죽지 않고 오래 살며, 또 자유를 얻어 아주 얽매임이 없고 모든 죄의 갚음을 떠나 다시는 근심 걱정이 없게 하소서.」

그때, 부처님은 그들이 비록 속된 재를 올리지만, 그 마음이 부지런하므로 제도할 수 있다고 보시었다. 곧 여러 제자들과 보살·신들과 그 누대로 가서 나무 밑에 앉으셨다. 그리고 부처님은 말씀하셨다.

『너희들은 좋은 소원을 일으켰다. 세상에는 두 가지 일이 있어 그 갚음이 분명하다.

화향품

즉 착한 일을 하면 복을 받고, 나쁜 일을하면 재앙을 받는 것이다. 세상은 괴롭고 천상은 즐겁다. 그리고 함이 있는것(有爲)은 번거로우며 함이 없는 것(無爲)은 고요한 것이다. 누가 그 진실한 것을 가려 가지겠는가. 착하다 너희들은 그런 밝은 뜻을 가졌구나.」

孰숙能능擇택地지
捨사鑑감取취天천
誰수說설法법句구
如여擇택善선華화

六六

누가 진실한 삶의 땅을 택하여
악도의 고통 버리고 하늘나라 태어날건가
그 누가 진리의 법문 법답게 연설하여서
좋은 꽃만 가려꺽듯 거룩하게 할 것인가.

Who shall overcome this earth, and the world of Yama (the lord of the departed), and the world of the gods?

Who shall find out the plainly shown path of virtue, as a clever man finds out the (right) flower?

學학者자擇택地지
捨사鑑감取취天천
善선說설法법句구
能능採채德덕華화

觀관身신如여坏배
幻환法법野야馬마
斷단魔마華화敷부
不부覩도死사王왕

六七

진리를 배우는 이 진실한 땅을 택하여
악도의 고통 버리고 하늘나라 나아간다
그는 진리의 법문 법답게 연설하여서
좋은 꽃만 가려 꺾듯 거룩하게 하네。

六八

육신을 질그릇 같은 것으로
세상일을 아지랑이로 보는 이는
악마의 유혹 화살 능히 꺾고서
생사의 왕(王)을 보지 않는다。

The disciple will overcome the earth, and the world of Yama, and the world of the gods. The disciple will find out the plainly shown path of virtue, as a clever man finds out the (right) flower.

He who knows that this body is like froth, and has learnt that it is as unsubstantial as a mirage, will break the flower-pointed arrow of Mara, and never see the King of Death.

95 화향품

如_여有_유採_채華_화
專_전意_의不_불散_산
村_촌睡_수水_수漂_표
爲_위死_사所_소牽_견

如_여有_유採_채華_화
專_전意_의不_불散_산
欲_욕意_의無_무厭_염
爲_위窮_궁所_소困_곤

六九

아름다운 꽃들을 채취하는데
온 정신 쏠리어 끌려다니면
잠든 마을 홍수가 휩쓸어 가듯
죽음이 닥쳐와서 몸을 묶어 잡아가리라.

七十

아름다운 꽃들을 채취하는데、
마음이 빠지어 돌아다니듯
욕망이 마음을 채우기 전에
몸둥이 어느새 시들고 마나니.

Death carries off a man who is gathering flowers and whose mind is distracted, as a flood carries off a sleeping village.

Death subduse a man who is gathering flowers, and whose mind is distracted, before he is satiated in his pleasures.

如여蜂봉集집華화
不불嬈요色색香향
但단取취味미去거
仁인入입聚취然연

不불務무觀관彼피
作작與여不불作작
當상自자省성身신
知지正정不부正정

꿀벌이 꽃을 따 올때
향기와 꽃잎을 해치지 않듯
지혜있는 사람또한 그러하여서
마을에 들어가 법답게 밥만을 비네。

七一

다른이 무엇하나 마음을 두어
잘하고 잘못하는일 살피지 말고
언제나 자신의 잘못 반성하여서
바른지 잘못인지 힘써 닦으라。

七二

As the bee collects nectar and departs without injuring the flower, or its colour or scent, so let a sage dwell in his village.

Not the perversities of others, not their sins of commission or omission, but his own misdeeds and negligences should a sage take notice of.

화향품

如여可가意의華화
色색好호無무香향
工공語어如여是시
不불行행無무得득

아름답고 화사한 꽃이
빛깔만 좋고 향기 나쁘듯
그럴듯 좋은 말도 이요 같아서
행이 없는 그것은 소용 없는것.

七三

如여可가意의華화
色색美미且차香향
工공語어有유行행
必필得득其기福복

아름답고 예쁜 꽃이
빛깔도 좋고 향기도 좋듯
말도 옳고 그 행도 바르게 하면
반드시 그 복에 따라 오리랑.

七四

Like a beautiful flower, full of colour, but without scent, are the fine but fruitless words of him who does not act accordingly.

But, like a beautiful flower, full of colour and full of scent, are the fine and fruitful words of him who acts accordingly,

부처님이 사위국에 계셨을 때였다. 그때 파리라고 하는 큰 상인이 바다에서 얻은 일곱가지 보배로 만든 희귀한 영락을 사위국 바사익왕에게 올리었다. 왕은 그 영락을 매우 신기한 것으로 생각하고, 곧 여러 부인들을 불러 앞에 세운뒤 말했다.

『가장 아름다운 사람에게 이 영락을 주리라.』 모든 부인들은 모두 장엄하고 나왔는데 그러나 말리부인은 나오지 않았다. 이상하게 생각한 왕은 물었다.

『말리부인은 왜 나오지 않는가.』 시녀가 대답하되,

『오늘은 보름날이라, 부처님 법의 재(齋)를 닦느라고 소복으로 입어서 장엄하지 않았기 때문에 나오지 않았읍니다.』했다. 왕은 화를 내어 사람을 보내어 부르기를 되풀이하였다. 말리부인은 소복을 하고 여러 사람 가운데 나타났는데 그 모습은 해와 · 달같아서 다른때보다 배나 아름다왔다. 왕은 놀라서 물었다.

『어떤 정성을 들이기에 그처럼 얼굴이 빛나는가.』부인은 아뢰었다.

『스스로 생각하옵건대 복이 적어 여자의 몸을 받았아옵고, 마음과 몸에는 더러운 때가 밤·낮으로 산처럼 쌓이고 있아옵니다. 사람의 목숨은 짧고 죽은 뒤에는 세가지 나쁜 세상에 떨어질까 걱정입니다. 그래서 달마다 부처님 법의 재를 받들어 애욕을 끊고 도를 닦아 태어 나는 세상마다 복을 받을까 할 따름입니다.』왕은 매우 기뻐하여 곧 그 영락을 말리부인에게 주었다. 그러나 부인은

『저는 지금 재를 받들고 있아와 이것을 쓸 수 없아오니 다른 사람에게 주시옵소서.』

화향품

하고 거절했다.

『내가 처음부터 가장 훌륭한 사람에게 이것을 주기로 하였다. 지금 그대가 가장 훌륭하고 또 부처님의 재를 받들어 도의 뜻이 특별히 높으므로 이것을 주는 것인데, 그대가 받지 않는다면 나는 이것을 어떻게 하는 것이 좋겠는가.』

『대왕은 걱정마소서. 저와 함께 부처님께 나아가 영락을 올리고 또 거룩한 교훈을 들어 다생의 복을 받는 것이 좋을까 하나이다.』

왕은 허락하고 곧 수레를 장엄하여 부처님께 나아가 머리를 조아려 발 아래 예배하고 부처님께 사뢰었다,

『이 향기로운 영락은 온 부인이 모두 탐내어 얻으려 하였아오나 이 말리부인은 부처님 법의 재를 받들어 마음에 탐욕이 없었나이다. 이제 삼가 부처님께 올리오니 원컨대 받아주소서.』

多集衆妙華 —— 갓가지 묘한 꽃을 많이 모아서
結鬘爲步瑤 —— 보기좋은 꽃타래를 만들듯이

七五

有유情정積적善선根근
後후世세轉전殊수勝승

사람도 선행을 자꾸 쌓으면
후세의 좋은 복을 기어이 받는다.

七六

花화香향不불逆역風풍
芙부蓉용梅전檀단香향
德덕香향逆역風풍薰훈
德덕人인偏변聞문香향

부용꽃 전단향의 그윽한 향기
바람이 거슬리지 않아야 하지만
덕행의 향기는 바람에 거슬려도
드높은 그 덕 세상에 퍼지네。

七七

梅전檀단多다香향
靑청蓮련芳방花화

전단나무 많은 향기
청련화 고운 꽃이

As many kinds of wreaths can be made from a heap of flowers, so many good things may be achieved by a mortal when once he is born.

The scent of flowers does not travel against the wind, nor (that of) sandal-wood, or of Tagara and Mallikā flowers; but the odour of good people travels even against the wind; a good man pervades every place.

101 화향품

雖수曰왈是시眞진
不불如여戒계香향

그 향기 세상에 높지만
계닭는 그 향기 어찌비기리.

七八

華화香향氣기微미
不불可가謂위眞진
持지戒계之지香향
到도天천殊수勝승

전단나무의 좋은 향기도
잠깐 있다 없어지는 것
계를 닦아 풍기는 향기
하늘 밖 멀리 떨쳐 가이 없어라.

옛날 사위성에 한 똥치는 천민(賤民) 노예가 있었다. 세존은 그에게 말씀하셨다.
「너 중이 되겠느냐.」

Sandal-wood or Tagara, a lotus-flowers, or a Vassiki, among these sorts of perfumes, the perfume of virtue is unsurpassed.

Mean is the scent that comes from Tagara and sandal-wood;—the perfume of those who possess virtue rises up to the gods as the highest.

『저와 같은 천민이 도(道)에 들어갈 수 있나이까。』

『여래가 먼 옛날부터 수없는 행을 닦아 불도를 이룬 것은、 바로 죄와 고통에 빠진 사람을 구하기 위한 것 뿐이니라。』

하고 그를 데리고 기원정사로 돌아가시어 계를 주어 사문을 만드셨다、

그때 바사익왕은 이 소식을 듣고

『부처님은 석가족의 귀한 가문에 태어 났고 그 좌우의 제자들도 모두 장로 바라문과 찰제리왕족들이다。 그런데 이제 노예계급인 전타라를 제자로 삼으셨다니、 내 어찌 그를 대해 차마 낯추어 예경할 수 있으랴』 생각했다。 그는 곧 수레를 몰아 부처님 계신 데로 가서 부처님께 나아가다가 출가한 천민 전다라가 나타내는 신통을 보고 마음에 감탄했으며 부처님께 뵈온 뒤 부처님 게송과 설법을 듣고 마음이 열려 기쁜 마음으때 돌아갔다。

戒具成就 _{계구성취}
行無放逸 _{행무방일}

七九、
계행을 갖추어 닦아 이루면
그 수행 방일 없이 온전하리라

화 향 품

定_정意_의度_도脫_탈
해탈의 굳은 뜻 더욱 여물어

長_장離_이魔_마道_도
악마의 깊은 구렁 길을 여의리.

八○

如_여作_작田_전溝_구
쓰레기 진흙탕 더러움 속에

近_근于_우大_대道_도
큰길섶 구렁창에 내 버려진

中_중生_생蓮_연華_화
아름다운 연꽃은 피어나는데

香_향潔_결可_가意_의
그 향기 멀리멀리 끊기지 않네.

八一

有_유生_생死_사然_연
탐욕과 질투와 죄악의 구렁

凡_범夫_부處_처邊_변
나고 죽는 중생의 더러움 속에

Of the people who possess these virtues, who live without thoughtlessness, and who are emancipated through true knowledge, Māra, the tempter, never finds the way.

As on a heap of rubbish cast upon the highway the lily will grow full of sweet perfume and delightful, thus the disciple of the truly enlightened Buddha shines forth by his knowledge among those who are like rubbish, among the people that walk in darkness.

慧혜자낙출**者樂出**
위불제자
爲佛弟子 ── 부처님 제자되어 중생을 구하네.

지혜로운이 즐거이 가서 태어나

주석

1、재(齋)…범어 Uposadha 오포사타라 음역한다. 재의 본 뜻은 몸·뜻·입(身口意)의 세가지 업을 잠가서 깨끗이 한다는 뜻인데, 이것이 계율에서는 오후에 식사하지 않는 것을 뜻하고 또는 법회때 대중에게 음식을 대접하는 뜻으로 쓰일 때도 있다.

2、유위(有爲)…인연으로 조작되는 차별세계의 모든 현상, 생주이멸(生住異滅)의 변화하는 법칙이 있는 상대세계.

3、무위(無爲)…현상계, 차별세계 이면의 본체、대소장단등의 차별·인연 조작을 초월한 절대경계로서 생주이멸의 변천이 없는 생사해탈의 열반(涅槃)·실상(實相)등의 진리의 세계.

八、 우암품(愚暗品)

부처님이 말씀하셨다.

『밖으로는 적국을 잘 물리치고, 안으로는 간사한 무리들을 잘 막는 것을 대장이라고 한다。 만일 대장으로서 지혜가 여러 사람에 뛰어나지 못하고 한갓 이름만 탐내어 밖으로는 적 속에 깊이 들어가 헤어나지 못한다든가, 혹은 안으로는 겁장이로서 밖으로만 사나운체 모양을 나타낸다든가, 싸울 때에는 적을 두려워 하여 물러나면서 상 줄 때에는 앞으로 나와 앞장이 되려 한다면 어떻하겠느냐。 이런 대장은 스스로 자기 몸을 편안하게 하지 못할 것이다。 조달비구 같은 자가 또한 이런 사람이니 탐심으로 자기의 재앙을 부를뿐만 아니라 또한 남까지 죄에 빠지게 하나니, 이 두가지 죄가 쌓이고 쌓임을 말할 수 없느니라。』

不불 寧영 不부 學학　　莫막 愚우 疲피 不불
與여 獨독 得득 無무　　知지 生생 倦권 寐매
愚우 守수 善선 朋붕　　正정 死사 道도 夜야
偕해 善선 友우 類류　　法법 長장 長장 長장

八二

잠못 이룰때 밤 더욱 길고
다리가 피곤할 때 길 더욱 멀다
바른 법 알지 못해 어리석으면
생사의 그 밤길은 길고 또 멀다.

八三

진리를 배우는 참된 벗 없고
바른 걸 함께 갈 어진 친구 없거든
차라리 나혼자 착함을 지켜
어리석어 죄짓는데 짝되지 말라.

Long is the night to him who is awake; long is a mile to him who is tired; long is life to the foolish who do not know the true law.

If a traveller does not meet with one who is his better, or his equal, let him firmly keep to his solitary journey; there is no companionship with a fool.

부처님이 사위국에 계실때었다. 그 성안에 어떤 바라문이 있었는데, 나이는 八十에 재물은 수없이 많았지만 완고하고 미련하며 인색하고 탐심이 많아 교화하기 어려웠다 그리고 집 짓기를 좋아하여 앞에는 사랑채, 뒤에는 별당, 시원한 누와 따뜻한 방과 동서·수십 간의 위랑이 있었고 아직 뒷채 별당의 앞 차양을 마치지 못하였다. 부처님은 도안으로 그 늙은이가 그 날을 마치기 전에 죽을 것을 보셨다. 그러나 그는 알지 못하고 한창 바삐 돌아 다니며 온갖 일을 지휘하고 있었는데, 몸은 여위고 힘은 다 빠져 정신이 없었다. 부처님은 아란을 데리고 그 집으로 가서 그를 위로하셨다.

『얼마나 수고로운가. 지금 이 집들을 이렇게 지어 누가 살려고 하는가.』

『앞 사랑채에는 손님을, 뒤 별당에는 내가 있고, 동·서의 두 위랑에는 자식과 종들이, 여름에는 시원한 다락에, 겨울에는 따뜻한 방에 살려 합니다.』

부처님은 말씀하셨다.

『성화는 들은지 오래인데 만나 이야기 하기는 늦었오. 마침 중요한 게송이 있어 생사에 관계되는 일이라 일러주고 싶은데, 잠깐 일을 멈추고 앉아 이야기 할 수 있겠는가.』

『지금 한참 바빠 앉아서 이야기 할 겨를이 없읍니다. 뒷날 다시 오시면 같이 이야기 하겠읍니다. 중요한 게송이나 말씀해 주시오.』

이에 부처님은 곧 게송으로 말씀하셨다.

有子有財
愚唯汲汲
我且非我
何有子財

八四

자식이다 재물이다 집착하여서
어리석은 사람은 항상 허덕이는 것
내라는 이것도 참 내가 아니거늘
자식이라 재물이라 쓸 곳이 무엇이리.

暑當止此
寒當止此
愚多預慮
莫知來變

八五

더울 때는 여기서 살고
추울때는 저기서 거처하리라
어리석은 사람은 이리 걱정 많건만
닥쳐 오는 큰변은 정말 모르네.

'These sons belong to me, and this wealth belongs to me,' with such thoughts a fool is tormented. He himself does not belong to himself; how much less sons and wealth?

바라문은 말하였다.

『게송을 잘 말씀하셨읍니다. 지금은 너무 바쁩니다. 다음에 다시 이야기 했으면 합니다.』 부처님은 못내 가엾이 여기시면서 떠나셨고 그는 손수 서까래를 올리다가 서까래가 떨어지면서 머리에 맞아 그 자리에서 숨졌다. 부처님이 아직 멀리 가시기도 전에 그런 변이 생긴 것이다. 부처님은 그 마을 어구에서 수십인의 범지를 만났다. 부처님은 그 범지들을 위하여 게송의 이치를 다시 말씀하셨다. 그들은 이 게송을 듣고 기뻐하여 도의 마음을 얻었다.

八六

愚^우者^자自^자稱^칭愚^우
常^상知^지善^선黠^할慧^혜
愚^우人^인自^자稱^칭智^지
是^시謂^위愚^우中^중甚^심

어리석은 사람이 내가 어리석다고
스스로 그를 알면 그는 착한이
어리석은 자신을 지혜롭다 생각하면
어리석은 가운데 더욱 어리석어라.

The fool who knows his foolishness, is wise at least so far. But a fool who thinks himself wise, he is called a fool indeed.

愚우人인盡진形형壽수
承승事사明명智지人인
亦역不부知지眞진法법
如여构표斟짐酌작食식

八七

어리석은 사람은 목숨이 다 하도록
밝고 지혜있는 이를 섬기어도
숫갈 젓갈이 스스로 맛을 모르듯
참다운 법을 알지 못한다.

智지者자須수臾유間간
承승事사賢현聖성人인
一일一일知지眞진法법
如여舌설了요衆중味미

八八

지혜로운 사람은 비록 잠깐이지만
성현을 가까이 섬기게 된다면
혀가 음식맛을 바로 알듯이
참다운 진리를 낱낱이 알아 가리라.

If a fool be associated with a wise man even all his life, he will perceive the truth as little as a spoon perceives the taste of soup.

If an intelligent man be associated for one minute only with a wise man, he will soon perceive the truth, as the tongue perceives the taste of soup.

愚우人인施시行행
爲위身신招초患환
快쾌心심作작惡악
自자致치重중殃앙

八九

어리석은 사람이 하는 일은
제몸에 환란이 오도록하고
거리낌없이 악을 기르며
마침내 스스로 재앙을 기른다.

行행爲위不불善선
退퇴見견悔회恪인
致치涕체流유面면
報보由유宿숙習습

九〇

착하지 않은짓 하고 나서는
잘못된 뒤에 스스로 뉘우치며
눈물을 흘리고 슬퍼하지만
그 갚음은 길이길이 업으로 남네.

If one man conquer in battle a thousand times thousand men, and if another conquer himself, he is the greatest of conquerors.

That deed is not well done of which a man must, repent and the reward of which he receives crying and with a tearful face.

行행爲위德덕善선
進진覩도歡환喜희
應응來래受수福복
喜희笑소悅열習습

過과罪죄未미熟숙
愚우以이恬염淡담
至지其기熟숙時시
自자受수大대罪죄

九一

착한일 덕행을 하고 나서는
좋게 되어 기뻐하고 즐겨하면서
마침내 경사와 복을 받나니
이같은 갚음 전세의 선업이다。

九二

죄와 허물이 여물기 전에는
어리석은 사람은 좋게만 여긴다
그 죄와 열매 익어서 떨어진뒤
큰 죄를 받고 비로소 운다。

No, that deed is well done of which a man does not repent, and the reward of which he receives gladly and cheerfully.

As long as the evil deed done does not bear fruit, the fool thinks it is like honey; but when it ripens, then the fool suffers grief.

九三

從月至於月　초하루 보름 치성을 드리고
愚者用飲食　고행을 본받지만 어리석어서
彼不信於佛　불법의 바른 뜻 아는 사람의
十六不獲一　백만분의 一에도 못미치리라。

九四

惡不即時　곧 짜낸 우유가 상하지 않듯
如穀牛乳　오래지 않은 악업은 보이지 않고
罪在伺陰　재를 덮은 불씨가 죽지 않듯이
如灰覆火　지은 죄도 몸속에 숨어 나온다。

Let a fool month after month eat his food (like an ascetic) with the tip of a blade of Kuśa grass, yet is he not worth the six-teenth particle of those who have well weighed the law.

An evil deed, like newly-drawn milk, does not turn (suddenly); smouldering, like fire covered by ashes, it follows the fool.

愚생念염慮려
至지終종無무利리
自자招초刀도杖장
報보有유印인章장

九五

어리석은 사람이 하는 생각은

처음부터 끝까지 이익없는 것

반드시 그 갚음을 받아야 하나니

마침내 스스로 형벌을 부른다。

愚우人인貪탐利이養양
求구望망名명譽예稱칭
家제在가自자興흥嫉질
常상求구他타供공養양

九六

어리석은 사람은 이익을 탏고

분에 없는 명예와 권세를 구해

집안에 있으면 질투를 일삼고

항상 남에게 공양을 바란다。

And when the evil deed, after it has become known, brings sorrow to the fool, then it destroys his bright lot, nay, it cleaves his head.

Let the fool wish for a false reputation, for precedence among the Bhikshus, for lorship in the convents, for worship among other people !

勿猶此養
爲家捨罪
此非至意
用用何益
愚爲愚計想
欲慢日用增
異哉夫利養
泥洹趣不同

九七

욕망의 추구를 주저함 없이

뜻대로 해서 안 될것 없다는

이런 생각 바르다 할 수 없나니

이 생활이 무슨 이익 있단 말인가

어리석은 사람은 어리석은 생각만 하여

욕심과 교만만이 날로 자란다.

九八

명리와 부귀의 가는 길이

열반에 나아가는 길과 다른 것

'May both the layman and he who has left the world think that this is done by me ; may they be subject to me in everything which is to be done or is not to be done', thus is the mind of the fool, and his desire and pride increase.

'One is the road that leads to wealth, anothdr the road that leads to Nirvaṇa'; if the Bhikshu, the disciple of Buddha, has learnt this, he will not yearn for honour, he will strive after separation from the world.

能諦是知者　이 이치 알아 통한 사람이
比丘眞佛子　비구요 참된 불자인 것을
不樂着利養　명리와 부귀를 즐기지 말고
閑　　　　　한가히 살면서 번뇌를 쉬자。

九、 명철품(明哲品)

 옛날에 어느 범지가 있었다. 그는 천재(天才)의 소질이 있어서 어떤 일이라도 그 눈을 스치기만 하면 모두 다 할 수 있었다. 그는 제 총명을 믿고 스스로 맹세하기를
『천하의 기술은 내 기어코 다 알고야 말 것이다. 만일 한가지 기예라도 통달하지 못한 것이 있으면 그것은 밝은 통달이라 할 수 없다.』고, 그리하여 학문과 잡술·천문·지리·의약·그리고 무너지는 산과 흔들리는 땅을 누르는 법, 도박과 장기·바둑·음악·박철과 바느질·요리에 이르기까지 통달하지 않은 것이 없었다. 그는 생각하였다.
「사내로서 이만하면 이름을 천하에 떨치고 공을 역사에 실리고 공을 백대(百代)에 남기리라.」그는 돌아다니다 어느 나라 시장에 들어가 각궁(角弓=활 만드는 것) 만드는 것을 보았다. 그 놀리는 손은 나는 것 같아, 활을 만들어 다루는 솜씨가 비호 갔았다. 그는 가만히 생각했다.
『나는 젊을 때부터 모든 것을 두루 배웠지만 만일 저이와 기술을 겨룬다면 나는 따르지 못할 것이다. 나는 저이를 따라 배워야 하겠다.』
 그리하여 한 달 동안에 활 만드는 법을 모두 익혀 그의 기술은 스승보다 나았다. 그

는 재물로 사례하고는 하직하고 떠났다.

또 다른 나라로 가다 강을 건느는데 그 뱃사공이 배를 지어 가는 기술이 뛰어나 마치 날으는 것같음을 보고

『비록 내 기술이 많다 하지마는 아직 배 부리는 것은 배우지 못하였다. 아무리 천한 기술이라 하더라도 저것을 배워 온갖 기술을 모두 갖추어야 하겠다』고 생각한 뒤 그 기술을 익혀서 스승보다 낫게 되었다.

이렇게 열 여섯 큰 나라를 돌아다니면서 아무도 감히 상대할 자가 없게 되어서 『이 천지 사이에 누가 감히 나를 당하겠는가.』 하고 잔뜩 교만하였다.

부처님은 기타동산에 계시면서 멀리서 이 사람을 제도할 수 있음을 보시고 사문으로 화(化)하여 지팡이를 짚고 바리를 들고 그의 앞으로 가셨다. 그 범지는 원래 그 나라에는 도법이 없고 사문을 본일이 없기 때문에

『저이는 어떤 사람인가.』고 피상히 여겼다. 조금 있다가 사문이 오자 범지는 물었다 『어떤 왕족에도 그대 같은 이가 있다는 것을 듣지 못하였고, 어떤 의복의 제도에도 그런 옷은 보지 못하였다. 그대는 어떤 사람이기에 형상과 옷이 보통과 다른가.』

『나는 몸을 다루는 사람이다.』 『어찌하는 것을 몸을 다룬다 하는가.』

이에 사문은 그 사람의 배운바에 의하여 게송으로 말하였다.

深_심觀_관善_선惡_악
心_심知_지畏_외忌_기
畏_외而_이不_불犯_범
終_종吉_길無_무憂_우
故_고世_세有_유福_복
念_염思_사紹_소行_행
善_선致_치其_기願_원
福_복祿_록轉_전勝_승

九九

착하고 악한 것을 깊이 살피고

꺼릴 일 두려운 일 알게 되면은

삼가고 조심하여 범하지 않고

좋은 일 만날뿐 근심은 없으리.

一〇〇

복 있는 이 세상에 있거든

마음으로 사모하고 행을 따르라

그 소원 마침내 이루게 되면

복록이 더욱더 거룩하리라.

If you see an intelligent man who tells you where true treasures are to be found, who shows what is to be avoided, and administers reproofs, follow that man; it will be better, not worse for those who follow him.

晝주야當당精정勤근
牢뇌持지於어禁금戒계
爲위善선友우所소敬경
惡악友우所소不불念념

一〇一

밤낮으로 부지런히 정진하여
군게군게 계(戒)를 지키면
착한이의 공경 받고
악한자 물러 가리라.

常상避피無무義의
不불親친愚우人인
思사從종賢현友우
狎압附부上상士사

一〇二

불의한 사람을 멀리 피하고
어리석은 사람을 친하지 말라
어진 친구를 생각해 따르고
훌륭한 선비를 가까이 섬기라。

Let him admonish, let him teach, let him forbid what is improper! — he will be beloved of the good, by the bad he will be hated.

Do not have evil-doers for friends, do not have low people: have virtuous people for friends, have for friends the best of men.

喜法와安
法臥安
心悅意淸
聖人演法
慧常樂行
弓工調角
水人調船
材匠調木
智者調身

一〇三

진리를 즐기면 언제나 편안하고

마음이 기쁘고 뜻이 깨끗해

성인이 진리의 법을 펴거던

지혜로 항상 즐겨 행하라.

一〇四

활 만드는 사람은 활을 다루고

사공은 배를 다루고

목수는 나무를 다듬지만

지혜있는 사람은 자신을 다룬다.

He who drinks in the Law lives happily with a serene mind : the sage rejoices always in the Law, as preached by the elect (Ariyas).

Well-makers lead the water (wherever they like) ; fletchers bend the arrow ; carpenters bend a log of wood; wise people fashion themselves.

一〇五

譬如原石
風不能移
智者意重
毀譽不傾

무거운 바윗돌을
바람이 흔들지 못하듯
슬기로운 이는 뜻이 굳세어
헐뜯고 칭찬하는데 움직이지 않나니.

一〇六

譬如深淵
澄靜淸明
慧人聞道
心爭歡然

깊은 못 고인 물은
맑고 고요해 흐리지 않듯이
슬기로운 이는 도(道)를 듣고
마음이 고요하고 기쁨 넘치네。

As a solid rock is not shaken by the wind, wise people falter not amidst blame and praise.

Wise people, after they have listened to the laws, become serene, like a deep, smooth, and still lake.

大대人인體체無무欲욕 위대한 사람은 마음에 욕심이 없어

在재所소昭소然연明명 가는 곳 있는 데 마다 밝고 환하다

雖수或혹遭조苦고樂락 즐거우나 피로우나 어떤 때를 만나도

不불高고現현其기智지 빠지지 않고 슬기를 나투네.

一〇八

大대賢현無무世세事사 크게 어진이는 일이 없나니

不불願원子자財재國국 자손과 재물 권력에 애착 없고

常상守수戒계慧혜道도 지혜와 계와 도를 항상 지키어

不불貪탐邪사富부貴귀 그릇된 부귀를 탐하지 않는다.

Good people walk on whatever befall, the good do not prattle longing for pleasure; whether touched by happiness or sorrow wise people never appear elated or depressed:

If, whether for his own sake, or for the sake of others, a man wishes neither for a son, nor for wealth, nor for lordship, and if he does not wish for his own success by unfair means, then he is good, wise, and virtuous.

一〇七

世개皆개沒몰淵연
鮮선克극度도岸안
如여或혹有유欺인
欲욕度도必필奔분
誠성貪탐道도者자
攬남受수正정教교
此차近근彼피岸안
脫탈死사爲위上상

一〇九

이 세상 모두 다 욕심의 수렁
해탈의 저 언덕에 몇이나 건넜던가.
어떤 사람 어쩌다 마음 냈어도
생사의 언덕에서 헤맬뿐일세。

一一〇

그대가 참된 구도자라면
바른 가르침 먼저 배우라
이것이 저 언덕 가까워지는 것
생사의 험한 물결 벗어나는 길。

Few are there among men who arrive at the other shore (become Arhats); the other people here run up and down the shore.

But those who, when the Law has been well preached to them, follow the Law, will pass across the dominion of death, however difficult to overcome.

斷ᄃᆞᆫ五ᅩ陰ᅳᆷ法ᄇᆞᆸ
靜ᄌᆞᆼ思ᄉᆞ智ᄌᆡ慧ᄒᆡ
不ᄇᆞᆯ反ᄇᆞᆫ入ᄋᆞᆸ淵ᄋᆡᆫ
棄ᄀᆡ猶ᄀᆡ其ᄀᆡ明ᄆᆡᆼ
抑ᄋᆡᆨ制ᄌᆡ情ᄌᆞᆼ欲ᄋᆡᆨ
絶ᄌᆞᆯ樂ᄅᆞᆨ無ᄆᆡ爲ᄋᆡ
能ᄂᆡᆼ自ᄌᆞ拯ᄌᆞᆼ濟ᄌᆡ
使ᄉᆞ意ᄋᆡ爲ᄋᆡ慧ᄒᆡ

一二

육신의 욕망을 끊고

고요히 가라앉혀 지혜를 내라

어두움의 구렁에 다시는 들지 않고

모든것 다 버리고 마음 밝히세.

一三

정욕의 불길을 뿌리채 끊고

환락이 끊어진 무위속에서

갖가지 번뇌망상 깨끗이 하여

밝은 지혜 가득히 도를 이루세.

A wise man should leave the dark state (of ordinary life), and follow the bright state (of the Bhikshu). After going from his home to a homeless state, he should in his retirement look for enjoyment where there seemed to be no enjoyment. Leaving all pleasures behind, and calling nothing his own, the wise man should purge himself from all the troubles of the mind.

學취取정正지智
意의惟유正정道도
一일心심受수諦제
不불起기爲위樂락
漏누盡진習습除제
是시得득度도世세

一二三

올바른 지혜를 바로 배우고

바른 도를 항상 생각해

한 마음 한 뜻으로 진리를 닦고

욕심 없는 그것으로 낙을 삼으면

번뇌가 다하고 나쁜 버릇 없어져

이것 바로 열반의 높은 그 경지.

Those whose mind is well grounded in the elements of knowledge, who have given up all attachments, and rejoice without clinging to anything, those whose appetites have been conquered, and who are full of light, are free (even) in this world.

十、 나한품(羅漢品)

옛날에 모든 경전을 통달한 지혜총명한 바라문이 있었다. 그는 스스로 천하에 자기와 견줄만한 이는 없다고 자만하였다. 그래서 크게 교만한 마음으로 그는 대낮에 횃불을 들고 성안으로 돌아다니며 세상이 어두워 사람들이 아무것도 보지 못하기 때문에 횃불을 들어 세상을 밝히고자 한다고 했다.

부처님은 그를 깨우쳐 주시고자 그에게 물으셨다. 『경전에 四명(明)의 법이 있는데 그대는 그 뜻을 아는가』 바라문은 대답할 수 없었고 부처님과 몇마디 토론을 해 보았으나 부처님의 위의와 지혜 법력(法力)에 항복되어 사문이 되어서 도를 얻어 아라한이 되었다.

一四

去離憂患 거리우환
脫於一切 탈어일체
縛結己解 박결이해
冷而無暖 냉이무난

세속의 근심걱정 다 여의고
생사의 온갖 것을 모두 떠나서
일체의 속박을 해탈했다면
차고 더운 상대법을 초월했도다.

一五

心淨得念 심정득념
無所貪樂 무소탐낙
己度痴淵 이도치연
如雁棄池 여안기지

마음이 깨끗하여 생각이 고요하면
다시는 탐욕을 즐겨 않나니
기러기가 놀던 못을 버리고 가듯
어리석은 깊은 수렁 건너 가도다.

There is no suffering for him who has finished his journey, and abandoned grief, who has freed himself on all sides, and thrown off all fetters.

They depart with their thoughts well collected, they are not happy in their abode; like swans who have left their lake, they leave their house and home.

若약人인無무所소依의
知지彼피所소貴귀貪탐
空공及급無무相상願원
思사惟유以이爲위行행

一一六

마음을 의지해 걸릴 곳 없고
헤아려 먹는데 절도가 있으면
상과 원이 끊어진 밝은 마음
생각도 온갖 행도 초월한 경지인걸.

鳥조飛비虛허空공
而이無무足족跡적
如여彼피行행人인
言언說설無무趣취

一一七

허공을 날으는 새와 같아
지나간 발자취 남기지 않듯
저 사람 행하는 그 행 그 자취
언설과 의리를 뛰어 넘었네.

They who have no riches, who live on authoritised food, who have perceived the Void, the Unconditioned, the Absolute, their path is difficult to understand, like that of birds in the air.

如여鳥조飛비虛허空공
而이無무有유所소礙애
彼피人인獲획無무漏루
空공無무相상願원定정

制제根근從종正정
如여馬마調조御어
捨사憍교慢만習습
爲위天천所소敬경

새가 허공을 날아 다니듯
이 세상 온갖 것에 걸림 없으면
이 사람 번뇌 그물 벗어났거니
상과 원이 떨어진 맑은 그 경지。

一一九

욕망을 억누르고 굳은 맘 가져
훈련된 말과 같이 길이 들면은
교만하고 게으름 모두 없어져
하늘의 천신들도 공경하리라。

He whose appetites are stilled, who is not absorbed in enjoyment, who has peceived the Void, the Unconditioned, the Absolute, his path is difficult to understand, like that of birds in the air.

The gods even envy him whose senses have been subdued, like horses well broken in by driver, who is free from pride and free from appetites,

一二〇

不怒如地 대지처럼 성내지 않고
不動如山 태산처럼 움직이지 않으면
眞人無垢 때 없이 참된 사람 이루어지고
生死世絶 생사의 상대세계 길이 끊어지리.

Such a one who does his duty is tolerant like the earth, like Indra's bolt; he is like a lake without mud; no new births are in store for him.

옛날에 나지라는 나라가 있었는데 거기 사는 사람들은 진주(眞珠)와 전단향을 캐는 것으로 업을 삼았다.

그 나라 어떤 집에 두 형제가 있었는데 부모가 세상을 떠나자 그들은 살림을 나누게 되었다. 그 집에는 분나라는 나이 어리고 총명한 종이 있어서 시장에 나가 장사도 하고 또 바다에 들어가 보물을 캐기도 하며 살림살이에 모르는 일이 없었다. 형제는 집 재산을 두 몫으로 나눌 때 종 분나를 한 몫으로 치고 주사위를 던져 분나는 아우의 몫이 되었다. 아우는 그 처자와 분나만을 데리고 빈 손으로 집을 떠났는데 때 마침 흉년이 들어 그는 크게 걱정하였다. 분나는 주인에게 말했다.

『걱정하지 마십시오. 이 분나가 피를 내어 한 달 안에 형님보다 잘 살게 하겠읍니다 정말 그렇게만 된다면 내가 너를 종에서 풀어 평민이 되게 하리라.』 분나는 성 밖으로 나가서 나무를 파는 어떤 거지를 보았는데, 그 속에는 붉은 전단향 나무가 있었다. 그것은 한 량에 천량 금값이었고, 그때의 세상에서는 단 하나도 얻기 힘든 것이었다. 분나는 그것을 돈 두 잎으로 사가지고 수십개로 쪼개었다. 그때 마침 어떤 장자가 중병이 들어 붉은 전단향을 두냥 무게를 넣은 약이 필요하여 얻지 못함을 알고 분나는 그것을 팔아 二천냥 금을 얻었다. 이렇게 다 팔아 그 형보다 재산이 열곱이나 되었다. 주인은 분나의 은혜를 생각하여 평민이 되게 하여 자유롭게 해주었다. 분나는 사위국으로 가서 부처님께 예배하고 꿇어 앉아 사뢰었다.

『몸은 미천한 데 태어났아오나 마음은 도덕을 좋아 하나이다. 원컨대 세존께서는 자비를 베푸시어 제도해 주시옵소서.』

그는 곧 사문이 되어 부처님께서 그를 위해 설법을 하시니 이내 아라한의 도를 얻었다. 그는 생각하였다.

『지금 내가 여섯 가지 신통을 얻어 살고 죽는 것을 자유로이 하는 것은 다 주인의 은혜다. 내가 가서 그를 제도하고 그 나라 사람들을 **교화하리라**』 하고 주인의 집으로 **갔**

으며 주인은 못내 반가와 했다. 그는 음식을 먹고 여러가지 신통을 보이고

『이 신그러운 덕은 다 주인이 나를 놓아 주신 복으로써 부처님을 보옵고

『부처님의 신기한 교화의 미묘함이 그러하시다면 나도 부처님을 뵈옵고 그 교훈을 받기를 원하노라.』

『다만 지극한 마음으로 음식을 차리십시오. 부처님은 세 가지 통달한 지혜로써 반드시 몸소 오실 것입니다.』 그는 곧 음식을 준비하기 시작해 하룻밤 동안에 다 마치고, 사위국을 향해 꿇어 앉아 향을 사르면서 부처님을 청하였다.

『원하옵나니 부처님께서는 왕림하시어 일체 중생을 널리 구제하소서.』 부처님은 그 뜻을 아시고 곧 五백 아라한과 함께 각기 신통으로 그 집에 가셨다. 그 나라의 왕과 백성들은 모두 공경하고 엄숙하게 부처님께 나아가, 온 몸을 땅에 던져 예배한 뒤 왕의 자리에 물러 앉았다.

부처님은 공양을 마치시고 주인과 왕과 관리들을 위해 밝은 법을 널리 말씀하셨다.

그리고 게송으로 말씀하셨다.

心심이休휴息식
言언行행亦역止지
從종正정解해脫탈
寂적然연歸귀滅멸

一二一

마음 이미 고요히 쉬고
말도 행도 참으로 그치었다면
바른 지혜 따라 해탈하나니
절대의 고요한 곳 돌아가리라。

棄기欲욕無무着착
缺결三삼界계障장
望망意의已이絶절
是시謂위上상人인

一二二

욕심을 버려 집착이 없어지고
三계(界)의 속박을 받지 않으면
유혹과 모든 번뇌 끊어지는 것
이것이 가장 뛰어난 사람이다。

His thought is quiet, quiet are his word and deed, when he has obtained freedom by true knowledge, when he has thus become a quiet man.

The man who is free from credulity, but knows the Uncreated, who has cut all ties, removed all temptations, renounced all desires, he is the greatest of man.

一二三

在聚在野(재취재야)
平野高岸(평야고안)
態眞所過(응진소과)
莫不蒙祐(막불몽우)

마을에 있는 이나 들에 있는 이
숲에 있으나 산에 있으나
「아라한」 성자가 지내가는 곳
은혜를 받지 않는이 누가 있으랴.

一二四

彼樂空閑(피락공한)
衆人不能(중인불능)
快哉無望(쾌재무망)
無所欲求(무소욕구)

고요한 곳을 모두 즐겨도
사람들은 그렇게 할 수가 없네
위 없는 즐거움을 즐기는 것은
마음에 구함이 없기 때문이리라.

In a hamlet or in a forest, in the deep water or on the dry land, wherever venerable persons (Arahanta) dwell, that place is delightful.

Forests are delightful; where the world finds no delight, there the passionless will find delight, for they look not for pleasures.

十一、술천품(述千品)

옛날 부처님이 사위국에 계실때 반특이란 비구가 있었다. 그는 갓된 비구로서 성품이 매우 우둔하였다. 부처님은 五백 명의 아라한들을 시켜 날마다 가르쳤으나 三년 동안에 게송 하나도 외우지 못했다. 부처님은 그를 가엾이 여겨 앞에다 불러 놓고 게송한 귀를 가르쳐 주셨다.

一二五

守口攝意   입을 지키고 뜻을 붙들며
수구섭의

身莫犯非   몸으로 나쁜 짓 저질르지 말라
신막범비

如是行者   이와같이 행하는 이는
여시행자

得度世   이 세상을 잘 건너 저 언덕 가리.
득도세

『너는 이제 늙어서야 한 게송을 겨우 외웠다. 너를 위해 그 이치를 해설할 것이니, 일심으로 자세히 들으라.』

부처님은 그를 위해 몸의 세가지 행과, 입의 네가지 말과 뜻의 세가지 업이 의지하는 것, 그것이 일어나고 사라지는 것을 관찰할 것을 말씀하셨다. 또한 그것으로 말미암아 세계와 다섯가지 중생의 길을 쉬지 않고 윤회하는 것과, 그것 때문에 하늘에 나기도 하고 깊은 못에 떨어지기도 하며, 또 도를 얻기도 한다는 것과, 열반은 자연이라는 것을 분별하여 말씀하시고, 또 한량없는 묘한 법을 설명하셨다. 그러자 반특은 그 마음이 탁 트이어 곧 아라한의 도를 얻었다.

그때, 五백명 비구니들은 딴 절에 있었는바, 부처님은 날마다 비구 한 사람씩을 보내어 설법하게 하셨는바, 그 다음날은 반특이 갈 차례가 되었다. 비구니들은 그 말을 듣고 비웃으면서,

『내일 그가 오거든 도리어 우리가 게송을 설명하여 부끄러워 아무말도 못하게 하자.』
고 하였다.

이튿날 비구니들은 반특을 맞이하여 예배하고는 저희끼리 서로 보고 웃었다. 공양을 마치고 손을 씻고는 반특에게 설법을 청하였다. 그때에 반특은 곧 높은 자리에 올라가 수줍어 하면서 말하였다.

『나는 덕이 적고 재주가 없어 끝자리 사문이 되어 배운 것이 많지 않다. 그러나 게

송한 귀절을 알고 약간 그 이치를 분별하므로 그것을 설명하려 한다. 모두들 조용히 들으라.」

그때 여러 비구니들은 놀라고 두려워 하며 허물을 뉘우쳤다. 반특은 부처님이 말씀하신대로 즉 몸과 뜻의 원인과 죄와 복의 인과 하늘에 오르는 것, 도를 얻는 것과, 정신을 모아 생각을 끊고 선정에 드는 법등을 낱낱이 분별하여 설명하였다. 비구니들은 그 설법을 듣고 매우 놀라 이상히 여기면서 일심으로 기뻐하여 모두 아라한의 도를 얻었다.

뒷날 바사익왕은 부처님과 대중을 청하여 정전(正殿)에 모시기로 하였다. 부처님은 반특의 위신력을 나타내고자 하시어, 그에게 바리를 들려 따라오게 했는데 왕은 그때 반특의 법력 있음을 보고 부처님께 여쭈었다.

「반특은 본 성품이 우둔하여 겨우 게송 하나도 외우지 못한다는 말을 들었는데, 어떤 인연으로 도를 얻었나이까?」 부처님은 말씀하셨다.

「꼭 많이 배워야 하는 것이 아니니 행이 제일이오. 반특은 겨우 한 게송의 이치를 알았지만 그 정묘로운 이치는 신(神)의 경계에 들었으며, 몸과 입과 뜻의 업은 고요하여 마치 순금과 같소. 사람이 아무리 많이 알아도 그 뜻을 해득하지 못하고 또 행하지 못하면 한갓 정신만 해치는 것이니 무슨 이익이 있겠소.」

그리고 부처님은 다시 게송으로 말씀하셨다.

雖誦千言　　雖誦千章
句義不正　　不義何益
不如一要　　不如一義
聞可滅意　　聞行可度

一二六

　一천의 글귀를 비록 외운다해도
　그 글의 바른 뜻을 알지 못하면
　한마디 말을 바로 들어서
　진리를 터득함에 어이 비하랴.

一二七

　일천의 게송을 비록 외워도
　그 뜻을 모르면 무슨 이익이랴.
　하나의 뜻을 바로 들어서
　진리에 들면 그게 바로 해탈일세.

Even though a speech be a thousand (of words), but made up of senseless words, one word of sense is better, which if a man hears, he becomes quiet.

Even though a Gāthā (poem) be a thousand (of words) but made up of senseless words, one word of a Gāthā is better, which if a man hears, he becomes quiet.

雖수多다誦송經경
不불解해何하益익
解해一일法법句구
行행可가得득道도

千천千천爲위敵적
一일夫부勝승之지
未미若약自자勝승
爲위戰전中중上상

一二八
경전을 비록 많이 외워도
그 뜻 모르면 무슨 이익 있으랴.
한 귀의 법이라도 바로 알아서
바로 행하므로 도를 얻으리.

一二九
천명의 많은 적을 상대하여
용감하게 싸워 홀로 이겼다 해도
자기를 싸워 이기는 이것이
참으로 장사중의 최상이니라.

Though a man recite a hundred Gāthās made up of senseless words, one word of the Law is better, which, if a man hears, he becomes quiet.

If one man conquer in battle a thousand times thousand men, and if another conquer himself, he is the greatest of conquerors.

141 술천품

自勝最賢　　一三〇
故曰人王
護意調身
自損至終

自勝之人　　一三一
皆莫能勝
神魔梵釋
雖曰尊天

　　一三〇
자기를 이기는 것이 가장 어진 것
그러므로 그를 사람중의 왕이라 하네
생각을 다스리고 몸을 길들이면
처음부터 끝까지 자기를 이루나니。

　　一三一
하느님이 비록 높다고 하지만
신이다·마왕이다·범천이다 하지만
자기를 이긴 승자에게는
이길수도 대항할 수도 없는 것을。

One's own self conquered is better than all other people; not even a god, a Gandharva, not Māra with Brahman could change into defeat the victory of a man who has vanquished himself, and always lives under restraint.

옛날 부처님이 사위국의 기원정사에서 설법하고 계셨다. 그 나라에 남달이라 하는 한 바라문 장자가 있었는데 그는 한없는 큰 부자였다. 그는 큰 시주가 되어 이름을 내어야 한다는 생각으로 무차대회(無遮大會)를 열어 五천인의 바라문을 공양하여 五년 동안의 의복과 평상·의약과 진지한 보물과 제사 기구를 공급하면서 조금도 아까와 하지 않았다.

또 다른 범지들로 하여금 五년 동안 그 남달장자를 위해, 여러 산과 다섯 큰 산과 별·물·불등에게

『언제고 복을 받으소서.』

라고 축원하게 했다. 五년이 끝나는 마지막 날에는 더욱 아주 크게 보시하여 八만四천의 가지가지 물건을 모두 보시하였다. 부처님은 그것을 보시고 탄식하면서 말씀하셨다.

『저 장자 범지는 왜 저리 어리석은가. 보시는 저처럼 많은데 그 복의 갚음은 적구나 마치 불 속에 종자를 심는 것 같거니 무슨 갚음을 얻겠는가.』 그리하여 부처님은 곧 일어나 옷을 장엄하시고 신통으로 그들의 존경심이 나게 한 뒤 게송으로 말씀하셨다.

雖수 奉봉 不불 供공 一일 勝승 祭제 從종 四사
終종 事사 如여 養양 供공 彼피 神신 從종 分분
百백 火화 復부 三삼 養양 百백 以이 望망 未미
世세 祀사 㒵유 尊존 福복 年년 求구 其기 望망
　　　　　　　　　　　　　　　　福복 報보 一일

一三一

백번의 목숨 다 하도록

화신을 받들어 제사하여도

잠깐동안 부처님께 공양한

공덕만 못하나니

한번 공양한 그 복이

백년의 저 정성보다 나으리.

一三二

신에게 정성드려 복을 구하고

다음에 좋은 보를 기다리지만

성현에게 경례하는 공덕에 비하면

If a man for a hundred years worship Agni (fire) in the forest, and if he but for one moment pay homage to a man whose soul is grounded (in true knowledge), better is that homage than sacrifice for a hundred years.

Whatever a man sacrifice in this world as an offering or as an oblation for a whole year in order to gain merit, the whole of it is not worth a quarter; revernce shown to the righteous is better.

不불如여禮예賢현者자 四분의 一에도 미치지 못하리.

一三四

能능善선行행禮예節절
常상敬경長장老노者자
四사福복自자然연增증
色색力력壽수而이安안

예절을 언제나 잘 지키고
어른을 존경하고 높이는 이는
건강과 아름다움과 수명과 즐거움의
네가지 복이 자연히 더하리라.

一三五

若약人인壽수百백歲세
遠원正정不부持지戒계
不불如여生생一일日일
守수戒계正정意의禪선

사람이 백년을 산다 해도
바른 뜻 등지고 계를 모르면
하룻동안 짧은 날에
바른 행동한 것에 비길 수 없다.

He who always greets and constantly reveres the aged, four things will increase to him, namely life, beauty, happiness, power.

But he who lives a hundred years, vicious and unrestrained, a life of one day is better if a man vituous and reflecting.

若약人인壽수百백歲세
邪사僞위無무有유智지
不불如여生생一일日일
一일心심學학正정智지
若약人인壽수百백歲세
懈해怠태不불精정進진
不불如여生생一일日일
勉면力력行행精정進진

一三六

사람이 백년을 산다 해도
삿되고 거짓되어 바른 지혜 없으면
일심으로 바른 지혜 배워 익히는
이렇게 사는 하루만도 못하리라.

一三七

사람이 백년을 산다 해도
게으르고 부지런하지 못했으면
뜻있게 정진하고 힘을 다하여
이렇게 사는 하루만도 못하리라.

And he who lives a hundred years, ignorant and unrestained, a life of one day is better, if a man is wise and reflecting.

And he who lives a hundred years, idle and weak, a life of one day is better, if a man has attained firm strength.

若약人인壽수百백歲세
不부知지成성敗패事사
不불如여生생一일日일
見견微미知지所소忌기

一三八

사람이 백년을 산다 해도
하는 일이 옳고 그름 알지 못하면
모든 분별 끊고 사는
단 하루에 어이 비기리.

若약人인壽수百백歲세
不불見견甘감露로道도
不불如여生생一일日일
服복行행甘감露로味미

一三九

사람이 백년을 산다 해도
진리의 밝은 길 보지 못하면
참된 뜻 바로 알고 살아가는
단 하루에 어이 비기리.

And he who lives a hundred years, not seeing beginning and end, a life of one day is better if a man sees beginning and end.

And he who lives a hundred years, not seeing the immortal place, a life of one day is better if a man sees a immortal place.

若_약人_인壽_수百_백歲_세
不_부知_지大_대道_도義_의
不_불如_여生_생一_일日_일
學_학推_추佛_불法_법要_요

一四〇

사람이 백년을 산다 해도

대도의 참뜻을 알지 못하면

불법의 높은 뜻 배워서 아는

단 하루에 어이 비기리。

雖_수復_부壽_수百_백歲_세
不_부知_지生_생滅_멸事_사
不_불如_여一_일日_일中_중
曉_효了_료生_생滅_멸事_사

一四一

사람이 백년을 산다 해도

나고 죽는 일 깨닫지 못하면

생멸법 깨닫고 사는

단 하루에 어이 비기리。

And he who lives a hundred years, not seeing the highest law, a life of one day is better, if a man sees the highest law.

十二, 악행품(惡行品)

옛날에 나열지국 남쪽 二백리 지점에 큰 산이 있어서 남방의 여러나라로 가는 요로가 이 산을 통하도록 되어 있었다. 그 산 깊숙한 곳에 五백명의 도적들이 행인을 겁탈하였으며 장수들의 행차까지도 해를 당하곤 했다. 나라에서는 여러차례 토벌을 하려 했지만 뜻을 이루지 못했다.

부처님은 저 도적들을 제도할 수 있는 기연이 있음과 저들이 세상에 여래가 있어도 보지 못하고 불법을 듣지 못하며 죄와 복을 알지 못하여 가서 저들을 구제하지 않으면 저들은 깊은 지옥에 빠질 것임을 살피시고 가엾이 여기시어 구제하기로 하셨다. 부처님은 몸을 변화시켜 좋은 옷을 입고 말의 안장과 굴레를 금과 은으로 장식하고 말을 타신 뒤 칼과 활을 가지고 산중으로 들어가시었다.

그들은 좋은 기회가 왔다고 하여 모두 대어 들었으나 五백명 도적은 오히려 부처님의 칼에 맞고 화살에 박혀 엎치락 뒤치락 마침내 항복하고 말았다. 그들은 필경 이는 사람이 아니라 신임에 틀림 없다고 믿어 용서를 빌었다. 이에 부처님은 그들에게 말씀하셨다.

『그 상처는 아프지 않고 그 화살은 깊은 것이 아니다. 천하의 상처는 근심보다 더한 것이 없고 사람을 해치는 것은 어리석음보다 더한 것이 없다. 너희들의 마음 속에 품고 있는 끝없이 탐하는 걱정 남을 해치고자 하는 어리석음은 지금 칼에 맞은 상처나 독약 묻은 화살에 비할 것이 아니다. 이 두가지는 뿌리가 깊고 단단하여 힘센 역사라 해도 뽑아 낼 수 없고 오직 경법·계율·지혜·수행등의 밝은 도가 있어야만 그 마음 병을 고친 수 있는 것이다.』

그들은 부처님의 게송과 설법을 듣고 마침내 마음에 기쁨을 얻고 五계를 받았다.

見선善不종從
反반隨수惡악心심
求구福복不부正정
反반樂락邪사婬음

一四二

착한 일 보고 따르지 않으면

도리여 악한데 따라 가나니

옳지 못한 짓으로 복을 구하며

삿된 탐음으로 즐거움 찾네.

If a man would hasten toward the good, he should keep his thought away from evil; if a man does what is good slothfully, his mind delights in evil.

人인雖수爲위惡악行행
亦역不불數삭數삭作작
於어彼피意의不불樂락
知지惡악之지爲위苦고

一四三

사람이 비록 악행을 했더라도

또다시 자주 되풀이하지 말라

그 마음에 결코 기쁨이 없나니

악이 괴로움인줄 알아야 하리.

人인能능作작其기福복
亦역當당數삭數삭造조
於어彼피意의須수樂락
善선受수其기福복報보

一四四

사람이 만일 복을 짓거든

또다시 그것을 되풀이 하라

그 마음에 기쁨이 깃드리니

마침내 복이 쌓여 갚아 오리라.

If a man commits a sin, let him not do it again; let him not delight in sin: pain is the outcome of evil.

If a man does what is good, let him do it again; let him delight in it: happiness is the outcome of good,

妖요見견福복
其기惡악未미熟숙
至지其기惡악熟숙
自자受수罪죄虐학

禎정祥상見견禍화
其기善선未미熟숙
至지其기善선熟숙
必필受수其기福복

一四五

악한 사람이 복을 받는 것은

아직은 악의 열매 익기 전이니

그 악이 온전히 익은 때에는

스스로 죄의 구렁에 떨어지리라.

一四六

착한 사람이 화를 만남은

아직은 선의 열매 익기 전이니

그 선이 온전히 익은 때에는

반드시 그 복을 받게 되리라.

Even an evil-doer sees happiness as long as his evil deed has not ripened; but when his evil deed has ripened, then does the evil-doer see evil.

Even a good man sees evil days, as long as his good deed has not ripened; but when his good deed has ripened, then does the good man see happy days.

莫막 輕경 小소 惡악
以이 爲위 無무 殃앙
水영 滴적 雖수 微미
漸점 盈영 大대 器기
凡범 罪죄 充충 滿만
從종 小소 積적 成성

一四七

작은 악이라 가벼이 여기지 말라

재앙이 없다고 생각지 말라

방울 물이 비록 작긴 하지만

점점이 떨어져 그릇을 채우는 것

세상을 뒤덮는 큰 죄악도

작은 악이 쌓여저 이룬 것이다.

莫막 輕경 小소 善선
以이 爲위 無무 福복

一四八

작은 선이라 가벼이 여겨

복 될것 없다고 생각지 말라

Let no man think lightly of evil, saying in his heart, It will not come nigh unto me. Even by the falling of water-drops a water-pot is filled; the fool becomes full of evil, even if he gather it little by little.

153 악 행 품

水수 滴적 雖수 微미
漸점 盈영 大대 器기
凡범 福복 充충 滿만
從종 纖섬 纖섬 積적

伴반 少소 而이 貨화 多다
商상 人인 怵출 惕척 懼구
嗜기 欲욕 賊적 害해 命명
故고 慧혜 不불 貪탐 欲욕

방울 물이 비록 작긴 하지만

점점이 떨어져 그릇을 채우는 것

세상을 뒤덮는 큰 행복도

작은 선이 쌓여져 이룬 것이다.

一四九

사람은 적고 재물이 많을 때

행상들이 무서운 곳을 피하듯이

탐욕의 적이 목숨을 해치기에

지혜 있는 이는 탐욕을 버리나니.

Let no man think lightly of good, saying in his heart, It will not come nigh unto me. Even by the falling of water-drops a water-pot is filled; the wise becomes full of good, even if he gather it little by little.

Let a man avoid evil deeds, as a merchant, if he has few companions and carries much wealth, avoids a dangerous road; as a man who loves life avoids poison.

有身無瘡疣 유신무창우
不爲毒所害 불위독소해
毒奈無瘡何 독내무창하
無惡無所造 무악무소조

加惡誣罔人 가악무망인
淸白猶不汚 청백유불오
愚殃反自及 우앙반자급
如塵逆風坌 여진역풍분

一五〇

내 몸에 헌데가 없으면

독물이 침범하지 못한다

헌데가 없으면 독이 덤비지 못하듯

저질르지 않으면 악도 없어지는 것.

一五一

나쁜 피를 짜내어 남을 해쳐도

깨끗한 사람은 더렵히지 못하는 것

바람에 흩날리는 티끌과 같이

재앙은 도리어 자기에게 돌아간다.

He who has no wound on his hand, may touch poison with his hand, poison does not affect one who has no wound; nor is there evil for one who does not commit evil.

If a man offend a harmless, pure, and innocent person, the evil falls back upon that fool, like light dust thrown up against the wind.

一五二

有識墮胞胎 어떤 이는 태(胎)에 들고
惡者入地獄 악한 이는 지옥에 떨어지며
行善上昇天 착한 이는 천상에 나고
無爲得泥洹 일체를 초월한 사람 「열반」에 든다.

어느 때 부처님께서 사위국의 기원정사에서 여러 하늘과 사람들을 위해 설법하고 계셨다.

그때 그 나라 왕의 둘째 왕자 유리는 나이 二十으로서 아버지를 쫓아내고 형인 태자를 죽이고 제 마음대로 왕이 되었다.

야리라는 악한 신하가 유리왕에게 아뢰었다.

『왕께서 일찍 왕자로 계실 때 가비라국에서 부처님이 계시는 절울 구경하던 중 여러 석씨(釋氏)에게 아무 이유 없이 욕설과 모욕을 당했읍니다. 그때 저희들에게 「만일 내

Some people are born again; evil doers go to hell; righteous people go to heaven, those who are free from all worldly desires enter Nirvāṇa.

가 왕이 되거든 잊지 말고 말해 달라」고 하셨읍니다. 이제 때는 왔고 군사들도 왕성합니다. 원수를 갚으십시오.』 유리왕은 곧 군사를 이끌고 가비라국을 공격하러 갔다.

부처님의 둘째 제자 목건련존자(目犍連尊者)는 유리왕이 군사를 이끌고 가비라국을 쳐 원수를 갚으려 하는 것을 보고 그들을 가엾이 여겨 부처님께 나아가 사뢰었다.

『지금 유리왕이 가비라국을 치러 오나이다. 저는 네가지 방편으로 사이국 사람들을 모두 허공에 옮겨다 두던가, 큰 바다 속에 옮겨다 두던가, 사람들을 두 철위산(鐵圍山) 중간에 옮겨다 두던가, 사람들을 다른 큰 나라 복판에 옮겨다 두려고 합니다. 그리하여 유리왕으로 하여금 그들이 어디 있는지 모르게 하려 하나이다.』

부처님은 말씀하셨다.

『너에게 그런 지혜와 덕이 있어서 저 사람들을 편히 있게 할 수 있을 줄을 나도 잘 안다. 그러나 모든 중생에게는 피할 수 없는 일곱 가지가 있다. 그 일곱 가지란 첫째는 나(生)는 것, 둘째는 늙는 것, 세째는 병, 네째는 죽음, 다섯째는 죄, 여섯째는 복 일곱째는 인연이다. 이 일곱 가지는 아무리 피하려 해도 마음대로 되지 않는 것이다. 너의 그와 같은 신통으로도 전생에 지은 죄의 갚음을 어찌할 수는 없느니라.』

목건련은 예배하고 물러가 자기 뜻대로 가비라국의 친구와 신도들 四、五천 인을 바리에 담아 허공에 옮겨다 두었다.

그때 유리왕은 **가비라국**을 쳐서 인민을 **죽이고 본국으로** 돌아갔다. 목건련은 부처님

께 나아가 예배하고 스스로

『불초 제자가 부처님의 위신력을 받들어 四、五천 명을 구하였읍니다. 지금 허공에서 모두 그 재난을 벗어났나이다.』

부처님은 말씀하셨다.

『너는 그 바리 안의 사람들을 그 뒤에 보았는가.』

『아직 가보지 못하였나이다.』

『너는 먼저 저 바리 안의 사람들을 가 보라.』 목건련은 도력으로 바리를 내려 보았으나 그 안의 사람들은 모두 죽어 있었다. 그래서 그는 슬피 울면서 그들의 그 참변을 가엾이 여겼다. 그리고 부처님께 돌아가 사뢰었다.

『바리 안의 사람들이 지금 다 죽어 있나이다.』 부처님은 말씀하셨다.

『그러므로 그 일곱 가지 일은 부처님이나 여러 성인이나 신선 도인들의 얼굴을 가리고 몸을 흝는 재주로도 변할 수 없다는 것이니라.』

그리고 부처님은 다시 게송으로 말씀하셨다.

一五三

非비 非비 避피 莫막 非비 非비
空공 隱은 免면 能능 隱은 空공
非비 山산 宿숙 於어 山산 非비
海해 石석 怨원 此차 石석 海해
中중 間간 殃앙 處처 間간 中중

허공도 안되고 바다도 안되고

깊은 산 돌틈에 숨어도 안된다

이 세상 어디로 아무리 가도

지어 놓은 재앙을 피할수 없다.

一五四

脫탈 無무 非비 非비
之지 有유 入입 空공
不불 他타 山산 非비
受수 方방 石석 海해
死사 所소 間간 中중

허공도 안되고 바다도 안되고

깊은 산 돌틈에 숨어도 안된다

이 세상 어디로 아무리 가도

닥쳐 오는 죽음을 면할 길 없다.

Not in the sky, not in the midst of the sea, not if we enter into the clefts of the mountains, is there known spot in the whole world where a man might be freed from an evil deed.

Not in the sky, not in the midst of the sea, not if we enter into the clefts of the mountains, is there known a spot in the whole world where death could not overcome (the mortal).

[주석] 목건련(目犍連)……부처님의 십대제자 가운데 한 분으로 흔히 목련(目連)존자라 한다. 중인도 왕사성 근방의 바라문 명문의 아들로 사리불(舍利弗)과 함께 부처님께 출가하여 신통제일(神通第一)의 제자가 되다.

十三、 도장품(刀杖品)

 옛날에 현제(現在)라는 나라가 있었는데, 그때 어떤 장로 비구가 위중한 병으로 오랫동안 절에 누워 있었다. 몸은 여위고 더러워 아무도 돌봐 주는 사람이 없었다.
 부처님은 五백 명 비구를 데리고 가서 여러 비구들을 시켜 차례로 돌보고 죽을 끓여 먹이게 하셨다. 그러나 비구들은 모두 그 흉한 냄새 때문에 그를 천대하였다.
 부처님은 제석천에게 더운 물을 가져 오게 하시어 몸소 앓는 비구의 몸을 씻어 주셨다. 그러자 땅이 진동하고 천지가 환히 밝아져 사람들은 모두 놀라고 엄숙하여졌다.
 『부처님은 세상에서 가장 높은 이로써 三계에서 견줄이 없고 도덕을 이미 갖추셨사온데, 어떻게 몸을 낮추어 이 병들어 여위고 더러운 비구 몸을 씻어 주시나이까.』부처님은 말씀하셨다.
 『여래가 이 세상에 온 까닭은, 바로 이와 같이 돌봐 주는 이 없고 곤궁하고 재앙을 만난 사람들을 위해서이다. 병들고 약한 사문·도사나 빈궁하고 고독한 여인에게 공양하면, 그 복은 한량이 없느니라. 마치 다섯 강물이 흐르는 것처럼, 복이 오는 것도 그와 같아서 공덕이 점점 원만해 져서 마침내는 도를 얻으리라』

『지금 이 비구는 전생에 무슨 죄를 지었기에 여러 해 동안 병으로 고생하면서 고치지 못하나이까』

『옛날에 악행(惡行)이라는 왕이 있었는데 매우 거칠고 사나왔다. 힘센 오백(伍伯)이란 우두머리를 시켜 채찍을 가지고 사람들을 매질하였다. 그 오백은 왕의 위엄과 노여움을 빙자하여 뇌물을 얻으면 채찍질이 가볍고 뇌물을 얻지 못하면 채찍질이 사나왔다. 그래서 온 나라 사람들이 모두 근심하였다.

어떤 선량한 사람이 남의 모함을 당해 채찍질을 받게 되어 그 오백에게 말하였다.

『나는 부처님 제자로서 죄가 없는데 모함을 받았으니 용서해 주시기 바랍니다』하여 오백은 그가 부처님 제자라는 말을 듣고 손을 가볍게 놀려 채찍이 몸에 닿지 않았다. 오백은 목숨을 마치고 지옥에 떨어져 온갖 고통을 받다가 죄가 끝나 나온 다음 다시 축생으로 태어나, 五백 세상 동안 채찍을 맞았으며 사람이 되어서는 늘 중병을 알고 통이 몸에서 떠나지 않았다.

그때 그 국왕은 바로 지금의 저 데바달타요, 그때 오백은 바로 지금 이 앓는 비구머 그때의 선량한 사람은 바로 나니라. 내가 전생에 그의 용서를 받아 채찍이 몸에 닿지 않았기 때문에, 그 은혜로 지금 내가 몸소 이 몸을 씻어 주는 것이다. 사람이 선이나 악을 지으면 죄 복이 따르는 것이니, 비록 생·사를 바꾸더라도 그것은 면하지 못하느

그리고 부처님은 다시 계송으로 말씀하셨다。

一切皆懼死
일체개구사
莫不畏杖痛
막불외장통
恕己可爲譬
서기가위비
勿殺勿行杖
물살물행장

一五五

모든 생명은 죽음을 두려워하고

채찍의 아픔을 무서워한다

자기를 용서하듯 남을 용서해

죽이거나 때리지 아예 말아라。

遍於諸方求
편어제방구
念心中間察
염심중간찰

一五六

여러 곳 두루두루 고루 살펴서

마음 속 밝게 항상 비추어 보라

All men tremble at punishment, all men fear death; remember that you are like unto them, and do not kill nor cause slaughter.

All men tremble at punishment, all men love life; remember that thou art like unto them, and do not kill, nor cause slaughter.

163 도 장 품

頗파有유斯사等등類류
不불愛애己기愛애彼피
以이己기喩유彼피命명
是시故고不불害해人인

善선樂락於어愛애欲욕
以이杖장加가群군生생
於어中중自자求구安안
後후世세不부得득樂락

一五七

모든 생명 살기를 즐겨

제 목숨 아끼듯이 남도 아껴서

해치거나 죽이지 말도록 하라.

모든 중생은 즐거움을 바라나니

중생을 때리거나 괴롭혀 가며

그 가운데 즐거움을 찾는 사람은

뒷 세상에 즐거움을 얻지 못한다.

He who seeking his own happiness punishes or kills beings who also long for happiness, will not find happiness after death

人欲得歡樂
杖不加群生
於中自求樂
後世亦得樂

一五八

모든 사람 즐거움을 얻고저 하네
중생을 때리거나 괴롭히지 말고
그 속에서 즐거움을 찾는 사람은
뒷 세상에 즐거움 또한 얻으리

不當轟言
言當畏報
惡往禍來
刀杖歸軀

一五九

남에게 나쁜말로 성내지 말라
마땅히 두려운 갚음이 온다
악이 가면 화가 돌아오는 것
싸움이 오가고 칼날이 오간다.

He who seeking his own happiness does not punish or kill beings who also long for happiness, will find happiness after death.

Do not speak harshly to anybody; those who are spoken to will answer thee in the same way. Angry speech is painful; blows for brows will touch thee.

165 도장품

出출言언以이善선
如여叩고鍾종響경
身신無무論논議의
度도世세即즉安안

一六〇

고운 말 착한 말로 어질게 하면

쇠북이나 징을 고요히 치듯

그 사람 일신에는 시비가 없고

저 언덕 편히 건너 즐거우리라.

譬비人인操조杖장
行행牧목食식牛우
老노死사猶유然연
亦역養양命명去거

一六一

소치는 사람이 채찍을 몰아쳐

풀밭으로 소떼를 몰아 가듯

늙어서 죽음도 또한 그러해

늙음을 기르고 목숨을 몰고 간다.

If, like a shattered metal plate (gong), thou utter not, then thou hast reached Nirvāṇa; contention is not known to thee.

As a cowherd with his staff drives his cows into the stable, so do Age and Death drive the life of men.

一六一

愚췬春작作작惡악
不불能능自자解해
殃앙追추自자焚분
罪죄成성熾치然연

어리석은 중생은 악을 짓고도
스스로 악인 줄 깨닫지 못하나니
이것이 재앙되어 스스로 불타는 것
죄악의 불꽃이 태양보다 뜨거워라。

一六三

歐구杖장良양善선
妄망讒참無무罪죄
其기殃앙十십倍배
災재仇구無무赦사

착한 사람을 괴롭히고 매질하거나
죄 없는 사람들을 꾸며서 모함하며
그 갚음이 열배로 불어
피할 수 없는 재앙을 받으리라。

A fool does not know when he commits his evil deeds: but the wicked man burns by his own deeds, as if burnt by fire.

He who inflicts pain on innocent and harmless persons, will soon come to one of these ten states:

生생 受수 酷혹 痛통
形형 體체 毁훼 折절
自자 然연 惱뇌 病병
失실 意의 恍황 惚홀
人인 所소 誣무 咎구
或혹 縣현 官관 厄액
財재 産산 耗모 盡진
親친 戚척 別별 離리

一六四

나면서 받는 피로움 지독하여라

부러지고 끊어지고 불구한 몸

게다가 번민하고 병까지 덮쳐

멍청하게 미치는 몸 받아 난다네。

一六五

남에게 모함 입고

관액이 떨어지지 않고

재산이 탕진되고

친척과 이별한다。

He will have cruel **suffering**, loss, injury of the body, heavy affliction, or **loss of mind**,

Or a misfortune coming from the king, or a fearful accusation, or loss of relations, or destruction of treasures.

舍사택所소有유
災재火화焚분燒소
死사入입地지獄옥
如여是시爲위十십

被피服복草초衣의
雖수裸나剪전髮발
沐목浴욕踞거石석
奈나痴치結결何하

一六六

있는 바 모든 재산과

집이 불타고

죽어서 지옥 가고

이렇게 열가지 고통있다.

一六七

옷 벗고 머리 깎고

풀옷을 몸에 입고

목욕하고 돌에 꿇어 고행해도

어리석은 번뇌는 끊어지지 않는다.

Or lightning-fire will burn his houses; and when his body is destroyed, the fool will go to hell.

Not nakedness, not platted hair, not dirt, not fasting, or lying on the earth, not rubbing with dust, not sitting motionless, can purify a mortal who has not overcome dessires.

自_자嚴_엄以_이修_수法_법
滅_멸損_손受_수淨_정行_행
杖_장不_불加_가群_군生_생
是_시沙_사門_문道_도人_인

世_세黨_당有_유人_인
能_능知_지慚_참愧_괴
是_시名_명誘_유進_진
如_여策_책良_양馬_마

一六八

스스로 법답게 몸을 닦아

번뇌를 여읜 깨끗한 행으로

중생을 언제나 해치지 않으면

이것이 사문이며 도닦는 길이니라.

一六九

어떤 사람이라도

부끄러울 줄 알아

이것으로 꾸준히 나아가면

길든 말 처럼 한 길로 가리.

He who, though dressed in fine apparel, exercises tranquillity, is quiet, subdued, restrained, chaste, and has ceased to find fault with all other beings, he indeed is a Brahmana, an ascetic (Śramaṇa), a friar (bhikshu).

Is there in this world any man so restrained by humility that he does not mind reproof, as a well-traind horse the whip?

一七〇

如여策책良양馬마
進진退퇴能능遠원
人인有유信신戒계
定정意의精진進진
受수道도慧혜成성
便편滅멸衆중苦고

양마는 채찍을 맞으면
먼길을 단숨에 달리는 듯
사람이 믿음과 계율을 가지고
선정을 닦고 정진을 하여
도가 높아져 지혜를 이루면
마침내 모든 괴로움 모두 없에리.

一七一

弓궁工공調조絃현
水수人인調조船선

활쟁이는 줄을 고루고
사공은 배를 다루며

Like a well-trained horse when touched by the whip, be ye active and lively, and by faith, by virtue, by energy, by meditation, by discernment of the law you will overcome this great pain (of reproof), perfect in knowledge and in behavior, and never forgetful.

The same as verse 80.

材匠調木 — 목수는 나무를 다듬고
智者調身 — 슬기로운 이는 몸을 다루네.

十四, 노모품(老耗品)

 옛날 부처님께서 사위국의 기원정사에 계시면서 감로의 법을 말씀하셨다.

 그때 멀리서 바라문의 장로 일곱 사람이 부처님께 와서 머리를 땅에 조아려 예배하고 합장하며 사뢰었다.

 『저희들은 멀리서 부처님의 거룩한 교화를 듣고 벌써 귀의하려 하였아오나, 여러 가지 장애가 많아 이제야 와서 거룩한 모습을 뵈옵게 되었나이다. 원컨대 제자가 되어온 갖 괴로움에서 벗어나게 하소서.』 부처님은 곧 받아들여 모두 사문으로 만드시고 모두를 한 방에 있게 하셨다.

 그러나 그들은 부처님을 뵈옵자 곧 도를 얻었지만 모든 것이 덧없음을 생각하면서 쑤군대고 크게 웃기도 하며 三계에 대한 마음을 미혹시키고 있었다. 부처님은 밝은 지혜로 그들의 명이 다 한 것을 보시고 가엾이 여겨 선정에서 일어나 그 방으로 가 그들에게 말씀하셨다.

 『너희들은 도를 닦아 세상을 구제해야 하겠거늘 왜 웃고만 있느냐. 모든 중생들은 다섯 가지를 믿고 있다. 첫째 젊음을 믿고, 둘째 아름다움을 믿으며, 셋째 힘센 것을 믿고、넷째 재물을 믿으며、다섯째 귀한 가문을 믿는다。
너희들이 쑤근거리기도 하고 크게 웃기도 하는데 무엇을
믿고 그러느냐」
그리하여 부처님은 다시 게송으로 말씀하셨다。

何喜何笑 하희하소
世常熾然 세상치연
深蔽幽冥 심폐유명
不如求錠 불여구정

一七二

세상은 뜨겁게 불타고 있는데
그리 기뻐 웃고 있으랴
깜깜한 어둠속에 깊이 덮여 있거니
밝은 등불 찾기를 게을리 마세。

How is there laughter, how is there joy, as this world is always burning? Why do you not seek a light, ye who are surrounded by darkness?

見身形範
倚以爲安
多想致病
豈知非眞

육신에 기대면서
그것을 편하다 하네
망상이 없으면 병이 나는 것
참된 법 옳은 길을 어이 모르랴.

一七四

老則色衰
所病自壞
形敗腐朽
命終自然

늙으면 이 육신 쇠약해지고
병들면 스스로 무너지는 것
형체는 썩어지고 모양이 흩어져
목숨 끊어지면 모두 이 모양.

Look at this dressed-up lump, covered with wounds, joined together, sickly, full of many thoughts, which has no strength, no hold!

This body is wasted, full of sickness, and frail; this heap of corruption breaks to pieces, life indeed ends in death.

175 노모품

自死神徒
如御棄車
肉消骨散
身何可怙
身爲如城
骨幹肉塗
生至老死
但藏恚慢

一七五

타고 가는 주인이 수레를 버리는 듯
사람이 죽은 다음 마음이 떠나면
살은 없고 뼈만 흩어지나니
이 몸뚱이 무엇을 아끼고 사랑하랴.

一七六

뼈를 굳게 하고 살을 아껴
이 몸을 성처럼 보호해도
그 속에는 나고 늙고 죽음에다가
교만과 성냄이 들어있을 뿐이다.

Those white bones, like grurds thrown away in the autumn, what pleasure is there in looking at them!

After a stronghold has been made of the bones, it is covered with flesh and blood, and there dwell in it old age and death, pride and deceit.

老노則즉形형變변
喩유如여故고車거
法법能능除제苦고
宜의以이力역學학

一七七

임금님 수레도 마침내 부쉬지듯

육신은 늙으면 형체가 없어지네

불법만이 생사의 고를 면하는 것

마땅히 힘써 배우고 닦아라.

人인之지無무聞문
老노若약特특牛우
但단長장肌기肥비
無무有유智지慧혜

一七八

사람이 바른 법 못 들으면

짐승의 늙어감과 무엇 다르랴

이런 삶은 고기덩이나 살찌울 뿐

지혜라는 아무것도 없는 것일세.

The brilliant chariots of kings are destroyed, the body also approaches destruction, but the virtue of good people never approaches destruction,—thus do the good say to the good.

A man who has learnt little, grows old like an ox; his flesh grows, but his knowledge does not grow.

生생死사有유無무量량
往왕來래無무端단緖서
求구於어屋옥舍사者자
數삭數삭受수胞포胎태

以이觀관此차屋옥
更갱不불造조舍사
梁양棧전已이壞괴
臺대閣각摧최折절

一七九

육신의 생사는 끝없이 윤회한다

얼마나 오고가고 되풀이 됐나

참나도 모르면서 나 살집 구해

몇번이나 이 세상에 태어났던가.

一八〇

육신의 이 집을 자세히 보고

다시는 이 집을 짓지 말아라

들보나 석가래는 이미 부셔져

누대도 전각도 꺾어져 쓰러졌다

'Looking for the maker of this tabernacle, I shall have to run through a course of many births, so long as I do not find (him); and painful is birth again and again. But now, maker of the tabernacle, thou hast been seen; thou shalt not make up this tabernacle again. All thy rafters are broken, thy ridge-pole is sundered; the mind, approaching the Eternal (Visaṇkhāra, nirvaṇa) has attained to the extinction of all desires.

心심이이行행
己이이
離별
中중간이
間이
己멸
滅

마음에 이미 육신이 없으면

사랑도 욕망도 이미 없는 것.

옛날 부처님께서 사위국의 기원정사에서 대중을 위해 설법하고 계셨다. 그 때 어떤 바라문촌 五백의 바라문 집에 五백명의 젊은 바라문들이 바라문의 도술을 닦고 있었다. 그들은 사람됨이 교만하여 어른을 공경하지 않고 잘난체 하였다. 그들은

『사문 고오타마는 스스로 부처가 되었다 하면서 그의 밝은 지혜는 같이 의론할 자가 없다고 한다. 우리가 그를 친해 일일이 따져 물어 보면 그가 어떤가를 알 수 있을 것이다.』하고 음식을 준비하여 가서 부처님을 청하였다.

부처님은 제자들과 함께 그 범지촌으로 가서 공양을 마치셨다.

그때 한 장로 부부가 그 마을에 와서 구걸하며 다녔는데 부처님은 그들이 큰 부자였고 대신이었던 것을 아시고 젊은 범지들에게 물으셨다.

『너희들은 저 장로 바라문을 아는가。』

『본래는 대신으로서 무수한 재물을 가지고 있었읍니다。』

『그런데 지금 왜 저렇게 구걸하고 다니는가。』

노모품

『함부로 돈을 썼기 때문에 저렇게 가난하게 되었읍니다.』

부처님은 말씀하셨다.

『세상에는 사람으로서 행하기 어려운 네 가지 일이 있으니, 만일 그대로 행하면 복을 받아 저처럼 가난하게 되지 않으리라. 그 네 가지란, 첫째 젊고 힘이 세지만 교만하지 않는 것이고, 둘째 늙어도 정진하여 음행을 탐하지 않는 것이며, 셋째 재물이 있으면 보시를 생각할 것이며, 넷째 스승에게 공부하여 바른 말을 받는다는 것이다. 이런 네 가지 일을 저 늙은 이는 행하지 않았고 모든 것이 항상 있다고 생각하였기 때문에 모두 탕진하고 만 것이다. 그것은 마치 늙은 따오기가 빈 못을 지키어 끝내 고기를 얻지 못하는 것과 같으니라.』

그리고 부처님은 다시 게송으로 말씀하셨다.

不불修수梵범行행
又우不불富부財재
老노如여白백鷺로
守수伺사空공池지

一八一

거룩한 수행도 닦지 못했고
부귀와 재물도 얻지 못했네
늙은 따오기 빈 못을 지키듯
닦은 것 하나없이 헛 세월 보내네.

旣기不불守수戒계
又우不불積적財재
老노嬴영氣기渴갈
思사故고何하逮체

一八二

계행도 깨끗이 지키지 못하고
재물도 또한 쌓지 못하면
늙고 또 파리하여 기운이 끊어질 때
옛 일을 생각 한들 무슨 소용 있으랴.

Men who have not observed proper discipline, and have not gained treasure in their youth, they perish like old herons in a lake without fish.

Men who have not observed proper discipline, and have not gained treasure in their youth, lie, like broken bows, sighing after the past,

十五、애신품(愛身品)

옛날에 다마라 라는 나라에 성 밖 한 절에서 五백 명 사문들이 경전을 읽고 도를 닦았다.

한 늙은 비구는 우둔하여 五백 도인들이 돌려 가면서 가르쳐도 여러 해 동안 한 게송도 외우지 못하여 그는 업신여김을 받고, 항상 절이나 지키고 청소나 하게 하였다.

그 뒤 왕이 도인들을 청하여 궁중에 들어가게 되었는데 그 노인 비구는,

『세상에 나서 이처럼 우둔하여 게송도 외우지 못해 천대를 받으니 살아서 무엇하랴.』

하고 뒷동산 나무 밑으로 가서, 목을 매어 죽으려 하였다.

부처님은 도안으로 멀리서 그것을 보시고 반쯤 사람 몸을 나타내어 말씀하셨다.

『오오 비구여, 왜 그런 짓을 하는가.』

노비구는 자기의 피로움을 하소연하였다.

『내 말을 들으라. 과거 가섭부처님 때, 너는 삼장(三藏) 사문이 되어 五백 명 제자를 거느리고 있었는데, 스스로 지혜가 많다 하여 남을 업수이 여기고 경전의 이치를 아껴 남에게 가르치지 않았었다. 그래서 그로 인해 세상에 날때마다 우둔한 사람으로 태어

났던 것이니 스스로 나무랄 뿐이니, 어찌 그 몸을 해치려 하는가。

부처님은 광명한 모습을 나타내시고 곧 게송으로 말씀하셨다。

一八三

自_자愛_애身_신者_자
愼_신護_호所_소守_수
希_희望_망欲_욕解_해
學_학正_정不_불寢_침

제 몸을 정말 아끼거던

욕망에서 멀리 벗어나라

지혜를 얻고저 바라거던

자지 말고 바른 법 배워 익혀라。

If a man hold himself dear, let him watch himself carefully; during one at least out of the three watches a wise man should be watchful.

學학當당先선求구解해　먼저 바로 알기를 배워라
觀관察찰別별是시非비　옳고 그름을 살필줄 알아라
受수諦체應응誨회彼피　그러고야 남을 교화할 수 있나니
慧혜然연不불復부惑혹　슬기로워 다시는 괴로움 없으리.

一八四

當당自자剋극修수　제 몸을 제가 이겨 닦아나가라
隨수其기敎교訓훈　마땅히 스스로를 힘써 닦아라
己기不불被피訓훈　자기를 닦아 이룬것이 없다면
焉언能능訓훈彼피　어떻게 남을 가르쳐 닦게 할것인가。

一八五

Let each man first direct himself to what is proper, then let him teach others; thus a wise man will not suffer.

If a man make himself as he teaches others to be, then, being himself well subdued, he may subdue (others); one's own self is indeed difficult to subdue.

自자기심위사
己기心심爲위사
心심爲위師사
爲위師사

不불隨수他타爲위師사
隨수他타爲위師사
他타爲위師사
爲위師사
師사

獲획眞진智지人인法법
眞진智지人인法법
智지人인法법
人인法법
法법

自자기위사자
己기爲위師사者자
爲위師사者자
師사者자
者자

本본我아所소造조
我아所소造조
所소造조
造조

後후我아자수
我아自자受수
自자受수
受수

爲위惡악자경
惡악自자更경
自자更경
更경

如여剛강鑽찬珠주
剛강鑽찬珠주
鑽찬珠주
珠주

一八六

제 마음을 스승 삼고

남을 따라 스승삼지 말라

자신을 스승삼아 잘 닦은 사람

참다운 지혜로 성인 법을 얻나니.

一八七

본래 내가 지은 업이거니

뒷 날에 내가 받음 마땅한 것을

금강이 보석 구슬 부수는 것 같이

자신의 악이 자기를 부순다.

Self is the lord of self, who else could be the lord? With self well subdued, a man finds a lord such as few can find.

The evil done by oneself, self-begotten, self-bred, crushes the foolish, as a diamond breakes a precious stone.

185 애신품

人인不불持지戒계
滋자蔓만如여藤등
逞정情정極극欲욕
惡악行행日일增증

一八八

사람이 계를 가지지 않고
덩굴처럼 욕심만 따라 달리면
악행이 날로 무성해져서
더러운 그 욕심 걷잡을 수 없어라.

惡악行행危위身신
愚우以이爲위易역
善선最최安안身신
愚우以이爲위難난

一八九

악행은 자신을 위태롭게 하지만
어리석은 이는 행하기 쉽네
선행은 자기를 편안케 하지만
어리석어 실로 행하기 어렵네.

He whose wickedness is very great brings himself down to that state where his enemy wishes him to be, as a creeper does with the tree which it surrounds.

Bad deeds, and deeds hurtful to ourselves, are easy to do; what is beneficial and good, that is very difficult to do.

부처님이 사위국에 계실때 항상 기회를 보아 부처님을 비방하려 하는 五백명의 바라문이 있었다. 부처님은 세 가지 밝은 지혜로 그들의 마음을 두루 보시고 가엾이 여겨 구제하려 하셨다. 五백 바라문들은 저희끼리 의논하였다.

『백정을 시켜 짐승을 잡아 놓고 부처님과 대중들을 청하도록 하자. 부처님은 반드시 백정을 칭찬할 것이다. 그때 우리가 그를 비방하자.』

그리하여 부처님은 백정의 청을 받고 백정에게 말씀하셨다.

『과실은 익으면 저절로 떨어지고 복이 있으면 저절로 구제되느니라.』

부처님은 제자들을 데리고 백정의 집으로 가셨다. 범지들은 모두 기뻐하면서, 『오늘에야 비로소 기회를 얻었다. 만일 부처님이 시주의 복덕을 찬탄하면, 우리는 백정이 지금까지 살생하여 죄를 지었다는 것을 들어 힐난하고, 만일 부처님이 백정의 지금까지의 죄를 말하면 우리는 그가 지금에 복을 짓는 것을 들어 힐난하자』고 하였다.

부처님은 그 집에 가 자리에 앉으셨다. 물을 돌리고 공양이 나왔다. 부처님은 대중들의 마음을 관찰하여 곧 혀를 내어 얼굴을 덮었다가 다시 귀를 핥으시고는 큰 광명을 놓아 온 성안을 두루 비추시고 맑은 음성으로 게송을 읊으면서 축원하셨다.

187 애신품

如_여眞_진人_인敎_교
以_이道_도活_활身_신
愚_우者_자疾_질之_지
見_견而_이爲_위惡_악
行_행惡_악得_득惡_악
如_여種_종苦_고種_종
惡_악自_자受_수罪_죄
善_선自_자受_수福_복

一九〇

참답고 거룩한 성인의 가르침
진리의 도로서 자신을 살리지만
어리석은 이는 이것을 싫어하고
고개를 돌려 외면만 하네
악 따라 악을 행하다 보면
고통을 심어 또 고통받네。

一九一

악행은 스스로 그 죄를 가져오고
선행은 스스로 복덕을 가져온다

The foolish man who scorns the rule of the venerable (Arahat), of the elect (Ariya), of the virtuous, and follows false doctrine, he bears fruit to his own destruction, like the fruits of the Kaṭṭhaka reed.

亦役 彼피
各각 不불
須수 相상
熟숙 代대

지은 그대로 자연히 익는 그 열매

그 누가 이 열매를 대신 받으랴.

一九一

凡범
用용
必필
豫예
慮려

勿물
以이
損손
所소
務무

如여
是시
意의
日일
修수

事사
務무
不불
失실
時시

모든것 언제나 미리 생각해

마땅히 할 일을 헛되이 하지말라

이와같이 나날이 닦고 또 닦아

할일의 마땅한 때 놓치지 말라.

By oneself the evil is done, by oneself one suffers; by oneself evil is left undone, by oneself one is purified. Purity and impurity belong to oneself, no one can purity another.

Let no one forget his own duty for the sake of another's, however great; let a man, after he has discerned his own duty, be always attentive to his duty.

부처님이 게송을 마치시니 五백 범지들은 마음이 풀려 부처님 앞에 나가 예배한 뒤 합장하고 사뢰었다.

『저희들은 완악하고 어리석어 거룩한 교훈을 알지 못하였나이다. 원하옵건대 가엾이 여기시어 사문이 되게 하여 주소서.』

부처님은 곧 받아 들여 모두 사문으로 만드셨으니, 마을 사람들은 부처님의 신통을 보고 모두 기뻐하여 또 도를 이룬 성인이라 불렀다.

十六、 세속품(世俗品)

옛날 바라문교 나라에 다미사라는 왕이 있었다. 그 왕은 九十六종의 외도를 섬기는데, 갑자기 선심을 내어 큰 보시를 하기로 했다. 일곱가지 보물을 산처럼 쌓아 놓고, 구걸하러 오는 사람이 있으면 한 오큼씩 가져 가게 하였다. 이렇게 여러 날을 지내도 보물더미는 줄지 않았다.

부처님은 그 왕이 전생에 복을 지었기 때문에 제도할 수 있음을 알고 한 범지로 화(化)하여 그 나라로 가셨다.

왕은 나와 서로 인사하고 문안한 뒤에 물었다.

『무엇을 구하시는지 조금도 어려워 하지 마십시오.』

『나는 멀리서 왔는데, 보물을 얻어 집을 지으려 합니다.』

『매우 좋습니다. 한 오큼 집어 가십시오.』 범지는 한 오큼을 집어 가지고 일곱 걸음쯤 가다가 있던 곳에 도로 갖다 두었다.

『왜 가져 가지 않읍니까.』

『이것으로는 겨우 집 밖에 짓지 못할 것입니다. 장가갈 비용이 모자랍니다.』

『그러면 세 오큼을 가져 가십시오.』 범지는 보물 세 오큼을 집어 일곱 걸음쯤 가다가 다시 돌아와 있던 곳에 두었다.

『왜 또 그러십니까.』

『이것으로 장가는 갈 수 있겠지만 논과 종과 소와 말이 없어 이것으로는 모자랍니다.』

『그러면 일곱 오큼 더 가져 가십시오.』 범지는 보물을 가지고 일곱 걸음쯤 가다가 다시 돌아와 있던 곳에 갖다 두었다.

『왜 그러십니까.』

『아들 딸 낳고 장가 보내고 시집 보내는등, 결혼의 비용에 모자랍니다.』

『그러면 이 쌓아 둔 보물을 모두 다 드리겠읍니다. 가져가십시오.』 범지는 그것을 일단 받았다가 다시 도루 주었다. 왕은 이상히 여겨 그 뜻을 물었다. 범지는

『사람의 목숨은 얼마 살지 못하고 만물은 덧 없어 아침 저녁을 보전하기 어렵습니다. 인연이 겹처감을 따라 근심 피로움 뿐이니, 차라리 마음을 쉬고 함 없는 도를 구하는 것만 못할 것입니다. 그러므로 가지지 않는 것입니다.』

왕은 뜻이 열리고 풀려, 부처님의 법은 교훈을 받들고자 하였다.

그러자 범지는 부처님이 광명한 모습을 나타내고 계송과 법문을 말씀하시어 왕과 대신으로 하여금 五계를 받고 수다원과(須陀洹果)*를 얻게 하였다.

下親卑漏法
불친비루법

不與放逸會
불여방일회

不種邪見根
부종사견근

不於世長惡
불어세장악

隨時不與慢
수시불흥만

快習於善法
쾌습어선법

善法善安寐
선법선안매

今世亦後世
금세역후세

一九三

천하고 더러운 법 친하지 말고

헛되이 놀이하여 방일하지 말라

그릇된 소견일당 뿌리채 뽑아내고

세상의 모든 악을 기르지 말라。

一九四

언제나 어디서나 게을리 말고

착한 법 따라 즐겁게 일하라

착한 법 행하면 편히 쉬나니

이승서 저승 아무데나 모두 그러리。

Do not follow the evil law! Do not live on in thoughtlessness! Do not follow false doctrine! Be not a friend of the world.

Rouse thyself! do not be idel! Follow the law of virtue! The virtuous rests in bliss in this world and in the next,

樂法樂學行
愼莫行惡法
能善行法者
今世後世樂

一九五

선법을 즐겨 배워 행하고
악법을 기어히 행하지 말라
언제나 참된 마음 선행을 하면
이승서 저승 아무데나 모두 즐거워.

當觀水上泡
亦觀幻野馬
如是不觀世
亦不見死王

一九六

물거품처럼 세상을 보라
아지랑이처럼 헛되이 보라
세상을 이와같이 관찰 한다면
죽음의 염라대왕 보지 않는다.

Follow the law of virtue; do not follow that of sin. The virtuous rests in bliss in this world and in the next.

Look upon the world as a bubble, look upon it as a mirage: the king of death does not see him who thus looks down upon the world.

如是當觀身
如王雜色車
愚者所染著
智者遠離之

人前爲過
後止不犯
是照時間
如月雲消

一九七

임금의 수레처럼 화려하지만

이 몸은 거짓으로 이루어진 것

어리석은 사람은 현혹되 집착하고

지혜있는 사람은 멀리하여 물들지 않네。

一九八

사람 어쩌다 잘못을 범했어도

다시는 그를 거듭 또 하지 말면

이 사람 세상을 능히 비추워

구름을 벗어 나온 달같이 밝으리。

Come, look at this glittering world, like unto a royal chariot; the foolish are immersed in it, but the wise do not cling to it.

He who formerly was reckless and afterwards became sober, brightenes up this world, like the moon when freed from clouds.

세속품

人인前전爲위惡악
以이善선滅멸之지
是시照조世세間간
如여月월雲운消소

一九九

사람이 어쩌다 잘못을 저질러도

착한 일 많이하여 그 악 없애면

이 사람 세상을 능히 비추어

구름을 벗어난 달같이 밝으리.

痴치覆복天천下하
貪탐令령不불見견
邪사疑의却각道도
若약愚우行행是시

二〇〇

어리석음이 세상을 덮었네

탐욕에 가려 보이지 않네

삿된 의심 어두운 욕심

그 행동 영원히 어두움의 세계.

He whose evil deeds are covered by good deeds, brightens up this world, like the moon when freed from clouds.

This world is dark, few only can see here; a few only go to heaven, like birds escaped from the net.

如여안將장
雁안將장群군
避피라高고翔상
明명人인導도世세
度도脫탈魔마衆중

二〇一

떼 지어 가는 기러기

그물을 벗어나 높히 날으듯

맑은 사람 세상을 제도하고

악마의 그물 속을 벗도록 하네.

一일法법脫탈過과
謂위妄망語어人인
不불免면後후世세
靡미惡악不불更경

二〇二

한 가지 법을 범하고 난뒤

거짓말로 꾸미어 사람을 속이며

후세의 과보를 믿지 않으면

무슨 악 지어 본들 무엇이 두려우랴.

The swans go on the path of the sun, they go through the ether by means of their miraculous power; the wise are led out of this world, when they have conquered Māra and his train.

If a man has transgressed one law, and speaks lies, and scoffs at another world; there is no evil he will not do.

愚^우不^불修^수天^천行^행
亦^역不^불譽^예布^보施^시
信^신施^시助^조善^선者^자
從^종是^시到^도彼^피安^안

夫^부求^구爵^작位^위財^재
尊^존貴^귀升^승天^천福^복
辯^변慧^혜世^세間^간悍^한
斯^사聞^문爲^위第^제一^일

二〇三

어리석어 맑은 행 닦지못하고
즐겨서 남에게 베풀지 못한 사람
선행으로 보시하고 믿음에 힘써 가라
필경은 부처되어 길이 편하리.

二〇四

높은 벼슬 많은 재물 구함 그보다
하늘의 복락을 바라는 그보다
임금 되고 철인이 되는 그보다
성인 되는 이 길이 제일 높다네.

The uncharitable do not go to the world of the gobs; fools only do not praise liberality; a wise man rejoices in liberality, and throug hit becomes blessed in the other world.

Better than sovereignty over the earth, better than going to heaven, better than lordship over all worlds, is the reward of the first step in holiness.

[주석] 수다원과(須陀洹果)…… 범어 Srotapanna 성문 4과(果)의 첫째, 예류과(預流果)라 번역하니, 생사를 초월한 성인경계 곧 무루도(無漏道)에 처음으로 들어섰다, 그 문에 입문했다는 뜻.

十七、 불타품(佛陀品)

사위국 동남 쪽에 큰 강이 있는데 그 강 유역에 사는 五백여 마을은 아직 도덕을 모르는 야만의 생활을 하고 있었고 남을 속이고 해롭히는 업을 일삼았다. 부처님은 그들을 교화하실 수 있는 기연을 살피시고 그 강가의 어느 나무 밑에 앉아 계셨다. 그러나 마을 사람들이 오면 법문을 말씀해 주셨지만 그들은 좀처럼 귀를 기울이지 않았다.

그때 강 남쪽 저편에서 강을 건너 오는 낯선 사람이 있었는데 그는 물위를 걸어오고 있었지만 발목 이상은 물에 잠기지 않았다. 마을 사람들은 신기하게 생각하면서 그 사람을 우러러보게 되었다. 그리고 그 사람에게 높은 도력이 있음을 칭찬했다. 그러자 그 사람은 『나는 강남에서 온 무지한 사람에 불과하오. 배가 없어서 저쪽 사람에게 물으니 발목 밖에 물이 안찬다고 하여 나는 그 말만 믿고 걸어 왔을 뿐이오. 나는 이곳 어디에 부처님이 오셔서 머무신다는 말을 듣고 뵈오려 오는 길이요.』하면서 부처님 앞으로 나아가 예배했다. 부처님은 그에게 말씀하셨다.

『참으로 훌륭하구나. 대저 믿음이 진실하면 생사의 바다도 건널 수 있는 것인데 얼마되지 않는 그런 강이겠느냐』하시고 게송으로 말씀하셨다. 마을 사람들은 그계서야

己이勝승不불受수惡악
一일切체勝승世세間간
叡예智지廓확無무疆강
開개矇몽令영入입道도

二〇五

모든 악 이미 이기고

세간에 가장 수승해

가 없는 밝은 지혜 환히 비출때

어둠을 깨 부수고 부처길에 드나니.

He whose conquest is not conquered again, whose conquest no one in this world escapes, by what track can you lead him, the Awakened, the Omniscient, into a wrong path?

부처님의 설법에 귀를 기울이고 마음에 기쁜 생각을 내어 믿음이 굳게 되었으며 법에 들어 오는자가 날로 늘었다.

201 불타품

決^결網^망無^무罣^가碍^애
愛^애盡^진無^무所^소積^적
佛^불智^지深^심無^무極^극
未^미踐^천迹^적令^영踐^천

勇^용健^건立^입一^일心^심
出^출家^가日^일夜^야滅^멸
根^근絶^절無^무欲^욕意^의
學^학正^정念^념淸^청明^명

二〇六

번뇌의 그물 끊어 걸림 없으며

애욕이 말라진 뒤 시달림 없어

부처님 지혜 끝없이 깊어질 때

그 누가 그릇된 길 있다 할 인가

二〇七

한 마음 굳게 세워

밤낮 잇고 정진할 때

번뇌가 끊어지고 생각마저 고요해져

바른 법 배워 갈 때 맑고 밝은 그 마음.

He whom no desire with its snares and poisons can lead astray, by what track can you lead him, the Awakened, the Omniscient, into a wrong path?

Even the gods envy those who are awakened and not forgetful, who are given to meditation, who are wise, and who delight in the repose of retirement (from the world)

得득生생人인道도難난
生생壽수亦역難난得득
世세間간有유佛불難난
佛불法법難난得득聞문

諸제惡악莫막作작
諸제善선奉봉行행
自자淨정其기意의
是시諸제佛불敎교

二〇八

사람으로 태어나기 정말 어렵네

세상에 오래 살기 더구나 어렵구나

부처님 세상을 만나기 힘들고

부처님 법문 얻어 듣기 어렵네.

二〇九

모든 악 짓지 말고

모든 선 닦아 행하여

그 마음 스스로 깨끗한 그것

이것이 모든 부처의 가르침일세。

Hard is the conception of men, hard is the life of mortals, hard is the hearing of the True Law, hard is the birth of the Awakened (the attainment of Buddhahood).

Not to commit any sin, to do good, and to purify one's mind, that is the teaching of all the Awakened.

忍인爲위最최自자守수
泥이洹원佛불稱칭上상
捨사家가不불犯범戒계
息식心심無무所소害해
不불嶢요亦역不불惱뇌
如여戒계一일切체持지
少소食식捨사身신貪탐
有유行행幽유隱은處처

二〇

참는 것은 자신을 지키는 것
열반이 제일이라 부처님 말씀했네
집을 떠나 온전히 계(戒)를 가지고
마음 쉬어 남을 아예 해치지 말라

二一

사람을 비방하고 괴롭히지 말고
계를 지켜 모두를 따르게 하라
음식을 조절하여 몸단속 하고
그윽한 고요속에 바로 행하며

The Awakened call patience the highest penance, long-suffering the highest Nirvāṇa; for he is not an anchorite (pravrajita) who strikes others, he is not an ascetic (sramaṇa) who insults others.

Not to blame, not to strike, to live restrained under the law, to be moderate in eating, to sleep and sit alone, and to dwell on the highest thoughts, — this is the teaching of the Awakened.

意諦以有點
是能奉佛教

자세히 모든 것 살피는 그 것
이것 바로 부처님 받드는 그 길.

天雨七寶
欲猶無厭
樂少苦多
覺者爲賢

二二二

하늘이 七보(寶)를 비처럼 뿌리어도

욕심은 오히려 만족할줄 모르는 것

낙은 적고 괴로움 많아

어진자는 이것을 깨달아 안다.

There is no satisfying lusts even by a shower of gold pieces; he who knows that lusts have a short taste and cause pain he is wise.

雖유 有유 天천 欲욕   천상의 즐거움이 눈앞에 있어도
慧혜 捨사 無무 貪탐   슬기로운 사람 탐하지 않고
樂낙 離이 恩은 愛애   애욕을 멀리멀리 떠내 버리나니
爲위 佛불 弟제 子자   이런 이가 부처님 참 제자라오.

二二四

或혹 多다 自자 歸귀   사람들 어리석어
山산 川천 樹수 神신   산이나 개울가 우거진 숲에
畵묘 立입 圖도 像상   사당을 세우고 화상을 그려
祭제 祠사 求구 福복   제사를 지내면서 복을 구하네.

Even in heavenly pleasures he finds no satisfaction, the disciple who is fully awakened dilights only in the destruction of all desires.

Men, driven by fear, go to many a refuge, to mountains and forests, to groves and sacred trees.

自歸如是
非吉非上
彼不能來
度我衆苦

一二五

그러나 이와같은 어리석은 짓
좋은 일도 옳은 일도 되지 못한다
이러한 짓 모두 그것이
괴로움에서 벗어날 수 전혀 없어라.

如有自歸
佛法聖衆
道德四諦
必見正慧

一二六

사람들이 부처님께 귀의하고
법과 그 교단에 귀의하면
네가지 진리를 알게 되므로
반드시 바른 지혜 얻고 말리라.

But that is not a safe refuge, that is not the best refuge; a man is not delivered from all pains after having gone to that refuge.

He who takes refuge with Buddha, the Law, and the Church; he who, with clear understanding, sees the four holy truths: —

生死極苦 나고 죽음 정말 괴로워
從諦得度 진리따라 해탈을 얻고
度世入道 세상 사람 건지는 큰 길
斯除衆苦 여기에야 무슨 괴로움 또 있을 것인가。

二八

自歸三尊 이렇게 三존에 귀의하는
最吉最上 가장 다행하고 최상의 일이로다
唯獨有是 오직 이 법이 홀로 있어
度一切苦 모든 괴로움에서 구제되나니。

二七

Namely, pain, the origin of pain, the destruction of pain, and the eightfold holy way that leads to the quieting of pain, —

That is the safe refuge, that is the best refuge; having gone to that refuge, a man is delivered from all pain.

明_명人_인難_난値_치
亦_역不_불比_비有_유
其_기所_소生_생處_처
族_족親_친蒙_몽慶_경

諸_제佛_불興_흥快_쾌
說_설經_경道_도快_쾌
衆_중聚_취和_화快_쾌
和_화則_즉常_상安_안

二二九

밝은 분 만나기 어렵나니
아무때 아무데나 나지 않는 것
그가 나는 곳 어디라 해도
큰 은혜 겨레들이 모두 입는다.

二二○

부처님의 나심은 큰 기쁨이다
불법을 말씀한 것 큰 기쁨이다
교단의 화합은 큰 기쁨이다
교단이 화합하면 모두가 편한 것.

A supernatural person (a Buddha) is not easily found, he is not born everywhere, Wherever such a sage is dorn, that race prospers.

Happy is the arising of the Awakened, happy is the teaching of the True Law, happy is peace in the church, happy is the devotion of those who are at peace.

부처님은 바라내국(婆羅奈國)으로 가시다가 도중에서 범지 우호를 만났다. 그는 부모와 집을 떠나 도를 배우는 이로서, 부처님의 거룩한 모습을 보고 놀라움과 슬픔이 뒤섞여 소리 높여 찬탄하였다.

『위엄과 신령스러움과 사람을 감동시키고 거룩한 거동 뛰어나셨구나. 전에 어떤 스승 섬겼기에 모습이 저렇듯 훌륭한가』

우호는 부처님의 법문을 들었으나 이해하지 못하고 곧 부처님께 여쭈었다.

『고오타마님은 어디로 가십니까』

『나는 바라내국으로 가 위 없는 법을 전하려 한다. 이 세 세계의 어떤 성인도 아직 사람들을 열반에 들어가게 한 이는 없느니라』 우호는 매우 기뻐하면서,

『장하고 놀랍습니다. 부처님 말씀대로 감로의 법을 열어 범다이 설법하소서』

범지는 반절하고 곧 그대로 지나가 버렸고 밤중에 갑자기 목숨을 마쳤다.

부처님이 도의 눈으로 그가 죽은 것을 보시고 가엾이 여겨 말씀하셨다.

『저 미련한 사람은 목숨이 항상 있다고 생각하여 부처를 보고도 버리고 가다가 그만 혼자 쓸쓸히 죽었구나. 법북을 울렸으나 듣지 못하였고 단 이슬은 온갖 괴로움 없애건만 맛보지 못하였다. 길을 돌아다니면서 생사만 더욱 길어 가리니 여러 겁을 지나면 서 언제나 구원을 얻겠는가』

부처님은 다시 그를 가엾이 여겨 게송으로 말씀하셨다.

見諦淨無穢
己度五道淵
佛出照世間
爲除衆憂苦

진리를 본 마음 티없이 깨끗해라
생사의 중생계를 이미 건넜네
부처님 오시어 세상을 비추시어
중생의 뭇 고통 덜어 주셨네.

二二二

士如中正
志道不慳
利在斯人
自歸佛者

선비 만일 참되고 바르게
도를 찾는 마음 한결 같으면
이 사람 복덕이 한량이 없어
스스로 부처님께 귀의하리라.

He who pays homage to those who deserve homage, whether the awakened (Buddha) or their disciples, those who have overcome the host (of evils), and crossed the flood of sorrow, he who pays homage to such as have found deliverance and know no fear, his merit can never be measured by anybody.

211 불타품

주석 바라내국(婆羅奈國)······중인도 마갈타국의 서북 쪽에 있는 나라. 석존이 성도하신지 삼칠일(三七日) 후에 이 나라의 녹야원에서 처음으로 설법하여 교진여등 五비구를 제도하고, 그 뒤 二〇〇년을 지나서 아육왕이 그 영지(靈地)를 표시하기 위하여 두 석주(石柱)를 세우다.

十八、 안녕품(安寧品)

 옛날에 부처님은 왕사성에 계셨다. 그 성 동남쪽 三백 리 밖에 五백여 집이 있었다. 그들은 억세고 거칠어 교화하기 어려웠다.

 부처님은 한 사문으로 화(化)하여 그 마을로 가서 결식하셨다. 그리고 마을 동구 밖 어떤 **나무** 밑에 앉아 열반 삼매에 드셨다. 이레 동안 **기침**도 숨도 쉬지 않으시며, 눕지도 않으셨다. 마을 사람들은 그것을 보고,

 『이 사문은 이미 죽었다. 장사를 치루자.』고 그들은 **나무를** 쌓아 놓고 그 위에 사문을 얹고 불을 붙여 살랐다. 불이 꺼지고 섰이 다 탄 뒤에 부처님은 그 속에서 일어나도의 신통을 나타내셨다. 광명을 두루 비추어 시방(十方)을 감동시켰다. 신통을 거두시고 다시 나무 밑에 앉아 있으시니 몸은 고요하고 편안하며 본래 모습과 같았다. 마을 사람들은 모두 놀라고 두려워 하여 머리를 조아려 사죄하였다.

 『저희들이 미련하여 신인(神人)을 몰라 뵈옵고 불을 붙였사오니 저희들의 죄는 태산보다 무겁습니다. 원하옵건대 인자한 마음으로 용서하시어 허물하지 마옵소서. 또 배고프며 목 마르거나 고통스럽지는 않으십니까?』

그때 부처님은 부드러운 얼굴로 빙그레 웃으시면서 게송으로 말씀하셨다. 부처님의 게송과 법문을 들은 그 마을의 五백 사람들은 이 게송을 듣고 모두 사문이 되어 아라한의 도를 얻었다.

二二三

我_아生_생已_이安_안
不_불慍_온於_어怨_원
衆_중人_인有_유怨_원
我_아行_행無_무怨_원

원망 속에도 성내지 않으면
한 평생 이미 편안하리라
모든 사람 원망 속에 살지만
나만은 원망 없는 삶을 얻으리.

Let us live happily, then, not hating those who hate us among men who hate us, let us dwell free from hatred!

我生己安
不病於病
衆人有病
我行無病

번뇌에 쌓였어도 번뇌 없으니
한평생 이미 편안하리라
모든 사람 번뇌에 살지만
나는 번뇌없는 삶을 얻으리.

二二五

我生己安
不慼於憂
衆人有憂
我行無憂

근심 속에서도 근심 없으니
한평생 이미 편안하리라
모든 사람 근심 속에 살지만
나는 근심없는 삶을 얻으리.

Let us live happily, then, free from ailments among the ailing! among men who are ailing, let us dwell free from ailments!

Let us live happily, then, free from greed among the greedy! among men who are greedy, let us dwell free from greed!

二二六

我生己安 아생이안
淸淨無爲 청정무위
以樂爲食 이락위식
如光音天 여광음천

맑고 깨끗하여 하염 없으니
한평생 이미 편안하리라
아름다운 하늘나라 같이
기쁨으로 양식을 삼으리.

二二七

勝則生怨 승즉생원
負則自鄙 부즉자비
去勝負心 거승부심
無諍自安 무쟁자안

싸움에 이기면 원한이 있고
지는 사람 마음이 괴로운 것
이기고 지는 생각 모두 버리면
다툼이 없어서 스스로 편하리.

Let us live happily, then, though we call nothing our own! We shall be like the bright gods, feeding on happiness!

Victory breeds hatred, for the conquered is unhappy. He who has given up both victory and defeat, he, the contented, is happy.

옛날 부처님은 사위국의 기원정사에 계셨다. 그때 네 비구는 나무 밑에 앉아서 물었다.

『천하의 피로움 중에서 음욕보다 더한 피로움이 없다.』
『이 세상의 피로움 가운데 배 고프고 목 마른것 보다 더한 피로움은 없다.』
『천하의 피로움 가운데 놀람과 두려움보다 더한 피로움은 없다.』

이 같은 피로움의 문제를 두고 서로 다투기를 그치지 않았다. 부처님은 그곳으로 가서 말씀하셨다.

『너희들은 아직 피로움의 뜻을 알지 못한다. 천하에서 몸보다 더 피로운 것은 없느니라. 배 고프고 목 마른 것이나 추위와 더위, 미워하고 성내는 것, 놀라고 두려워 하는 것, 색욕과 원한이 모두 다 몸 때문에 생기는 것이다. 대개 몸이란 온갖 피로움과 재앙의 근원이다. 우리를 결박해 생사가 그치지 않게 하는 것이 모두 이 몸 때문이니라.

그러므로 적멸(寂滅)을 구해야 하나니 마음을 거두어 아무 생각이 없어야 열반을 얻을 것이며 그것이 가장 즐거운 것이니라.』

이에 부처님은 다시 게송으로 말씀하셨다.

217 안녕품

熱열無무過과婬음
毒독無무過과怒노
苦고無무過과身신
樂낙無무過과滅멸

行행爲위最최苦고
饑기爲위大대病병

己이諦제知지此차
泥이洹원最최安안

二二八

음욕보다 더한 불길이 없고

성냄보다 더한 독이 없나니

육신보다 더한 괴로움이 없고

적멸(열반)보다 더한 즐거움 없도다.

二二九

주림은 가장 큰 질병이며

구함은 가장 큰 피로움이다

만일 이 진리 자세히 알면

필경은 편한 열반 얻을 것이다.

There is no fire like passion; there is no losing throw die like hatred; there is no pain like this body; there is no happiness higher than rest.

Hunger is the worst of deseases, the body the greatest of pains; if one knows this truly, that is Nirvāṇa, the highest happiness.

無병病최最리利
知지足족최最부富
厚후爲위최最우友
泥이洹원최最락樂

二三〇

병 없는 이것이 가장 큰 이익이요
만족을 아는 것이 가장 큰 부자로다
넉넉한 마음이 가장 친한 벗이며
열반이 최상의 참 낙이니라。

解해知지念염待대미味
思사將장休휴息식義의
無무熱열無무譏기想상
當당服복於어法법味미

二三一

번뇌를 쉬고 고요함을 찾아
길이 쉬는 구경의 뜻 생각하여라
음욕의 불길 주림의 번뇌 없으면
진리의 감로미를 항상 먹으리。

Health is the greatest of gifts, contentedness the best riches ; trust is the best of relationship, Nirvāṇa, the highest happiness.

He who has tasted the sweetness of solitude and tranquillity, is free from fear and free from sin, while he tastes the sweetness of drinking in the Law.

219 안녕품

| 見견聖성人인快쾌 | 得득依의附부快쾌 | 得득離이愚우人인快쾌 | 爲위善선獨독快쾌 | 與여愚우同동居거難난 | 猶유與여怨원同동居처處 | 當당選선擇택共공居거 | 如여與여親친親친會회 |

一三二一

성인 만남이 가장 기쁜 일

섬기고 의지함이 가장 기쁜 일

어리석은 사람들 아주 여의고

착한 일 하여 스스로 기쁘도다.

一三二二

어리석은 자와는 같이 살기 어려워

월수와 함께 사는 것 같아라

어진 이와 함께 살기 즐거워

친족들과 함께 삶과 같아라.

The sight of the elect (Arya) is good, to live with them is always happiness; if a man does not see fools, he will be truly happy.

He who walks in the company of fools suffers a long way; company with fools, as with an enemy, is always painful; company with the wise is pleasure, like meeting with kinsfolk.

是시故고事사多다聞문
并병及급持지戒계者자
如여是시人인中중上상
如여月월在재衆중星성

二三四

많이 듣고 배워 지혜로우며

계를 지켜 행이 더욱 거룩한 자

이 사람 가장 높은 훌륭한 사람

그는 뭇 별 속에 달과 같도다.

Therefore, one ought to follow the wise, the intelligent, the learned, the much enduring, the dutiful, the elect ; one ought to follow a good and wise man,. as the moon follows the path of the stars.

十九, 호희품(好喜品)

부처님께서 사위국의 기원정사에 계실 어느 때, 새로 된 비구 네 사람이 벗나무 밑에 참선하고 있었었다. 마침 벗나무 꽃이 빛깔도 곱고 향기롭게 피었다. 그들은 저희끼리 서로 말했다.

『이 세상 만물 가운데 우리를 가장 즐겁게 하는 것이 무엇일까.』

『봄이 되어 초목이 쌌틀 때 들에 나가 노는 것이 가장 즐거운 일이다.』

『길사(吉事)가 있어서 친척들이 한데 모여 술잔을 주고 받으면서, 음악으로 춤추고 노래하는 것이 가장 즐거운 일이다.』

『많은 재물을 쌓아 두고 마음대로 하여 화려한 광경을 자랑하며 사는 그것이 가장 즐거운 일이다.』 하였다.

그때 부처님은 네 사람이 여섯가지 탐욕에 마음이 끄달림을 아시고 곧 네 사람을 불러 물으셨다.

『너희들이 즐거워하는 일들은 모두 근심스럽고 두려우며 위태하고 망하는 길로써 그것은 영원히 편안하고 가장 즐거운 법이 아니다.

의 근본이다.」

천지 만물은 봄에는 무성하였다가 가을과 겨울이 되면 시들어 떨어지고、친척들의 즐거움은 반드시 헤어지는 것이며、재물 따위는 모두 관청의 몰수、도적의 겁탈、물과 불의 재앙、방탕한 자식들의 낭비가 있는 것이요、처첩들의 아름다움은 사랑과 미움

違^위道^도則^즉自^자順^순
順^순道^도則^즉自^자違^위
捨^사義^의取^취所^소好^호
是^시爲^위順^순愛^애欲^욕

一二三五

도를 어기면 스스로 자기를 따르고

도를 따르면 스스로 어기게 되나니

이 뜻을 등지고 뜻대로 하다보면

마침내 애욕을 닮게 되나니。

He who gives himself to vanity, and does not give himself to meditation, forgetting the real aim (of life) and grasping at pleasure, will in time envy him who has exerted himself in meditation.

不부 亦역 愛애 不불 是시 愛애 己이 無무
當당 莫막 之지 愛애 以이 憎증 除제 愛애
趣취 有유 不불 亦역 莫막 惡악 結결 無무
所소 不불 見견 見견 造조 所소 縛박 所소
愛애 愛애 憂우 憂우 愛애 由유 者자 憎증

二三六

애정을 마음에 두지 말 것을

미워도 마음에 가지지 말 것을

사랑하는 사람 못만나 괴롭고

미운사람 자주 만나 더욱 괴롭다.

二三七

애정을 가지지 말라

사랑은 미움의 뿌리로다

속박에 벗어나 괴로움 없으면

사랑도 미움도 모두 다 없네.

Let no man ever look for what is pleasant, or what is unpleasant. Not to see what is pleasant is pain, and it is pain to see what is unpleasant.

Let, therefore, no man love anything; loss of the beloved is evil. Those who love nothing, and hate nothing, have no fetters.

二三八

好樂生憂 호락생우
好樂生畏 호락생외
無所好樂 무소호락
何憂何畏 하우하외

쾌락을 탐하면 걱정이 생기고
쾌락을 탐하면 두려움이 생긴다
쾌락을 탐하는 마음 없으면
근심이 어디 있고 두려움이 왜 있으리.

二三九

愛喜生憂 애희생우
愛喜生畏 애희생외
無所愛喜 무소애희
何憂何畏 하우하외

기쁨을 탐하면 걱정이 생기고
기쁨을 탐하면 두려움 있나니
기뻐하는 생각 마음에 없으면
근심이 어디 있고 두려움이 왜 있으리.

From pleasure comes grief, from pleasure comes fear; he who is free from pleasure knows neither grief nor fear.

From affection comes grief, from affection comes fear; he who is free from affection knows neither grief nor fear,

225 호희품

愛애樂락生생憂우
좋아하고 즐겨하면 근심 생기고

愛애樂락生생畏외
좋아하고 즐겨하면 두려움 있다

無무所소愛애樂락
좋아하고 즐겨하면 아예 없으면

何하憂우何하畏외
무슨 걱정 무슨 근심 왜 또 있으리

二四一

愛애欲욕生생憂우
애욕을 탐하면 걱정 생기고

愛애欲욕生생畏외
애욕을 탐하면 두려움 생긴다

無무所소愛애欲욕
사랑하는 생각 마음에 없으면

何하憂우何하畏외
근심이 어디 있고 두려움 왜 있으리

二四〇

From love comes grief, from love comes fear; he who is free from love knows neither grief nor fear

From lust comes grief, etc.

부처님은 이어 그 네 비구들에게 말씀하셨다.
『옛날 보안(普安)이라는 국왕은 이웃의 네 나라 왕들을 청해 한 달 동안 음식을 먹고 놀면서 한껏 즐겼다. 이별을 하는 날이 되어 보안왕은 그 네 왕들에게 물었다.
「사람이 세상에 살 때 무엇이 제일 즐거운 일인가.」
「유희하는 것이 제일 즐거운 일이다.」
「좋은 일로 친척들이 한데 모여 음악을 즐기는 것이 제일 즐거운 일이다.」
「많은 재물을 쌓아 두어 하고 싶은 것을 뜻대로 하는 것이 제일 즐거운 일이다.」
「애욕을 한껏 즐기는 것이 가장 즐거운 일이다.」 보안왕은 말하였다.
「그대들이 말하는 것은 모두 피로움과 번민의 근본이요, 근심과 두려움의 근원이니 먼저는 즐겁다가 뒤에는 괴롭다. 그러므로 아주 고요하여 구하는 것이 없고 욕심이 없이 하나를 지켜 도를 얻는 것이 가장 즐거운 일이다.」 네 왕은 이 말을 듣고 기뻐하면서 믿고 느낀바가 컸다. 부처님은 이어 말씀하셨다.
『그때 보안왕은 바로 이 나고, 네 왕은 바로 너희들 네 비구다. 전생에 이미 말한 것을 지금 와서도 여전히 알지 못하고 생사가 넝쿨처럼 뻗어 가거늘 무엇으로 그치게 할 것인가.』
네 비구들은 이 말씀을 듣고는 부끄러워 뉘우치며 마음이 열리었다. 그리하여 뜻이 사라지고 욕심을 끊어 아라한의 도를 얻었다.

227 호희품

貪욕欲生생憂우
貪욕欲生생畏외
無무所소貪탐欲욕
何하憂우何하畏외
貪탐法법戒계成성
至지誠성知지漸참
行행身신近근道도
爲위衆중所소愛애

二四一
탐욕에서 걱정 생기고
탐욕에서 두려움 생긴다
마음에 탐욕 없으면
걱정이 어디 있고 두려움 왜 있으리。

二四三
진리를 찾고 계행을 지켜
참답고 성실하여 부끄러움 알라
수행이 깊어 도에 가까우면
뭇 사람에게 존경 받는다。

From greed comes grief, etc.

He who possesses virtue and intelligence, who is just, peaks the truth, and does what is his own bussiness, him the world will hold dear.

欲욕能능不불出출
思사正정乃내語어
心심無무貪탐愛애
必필截절流유渡도

二四四

한 생각 깨끗이 가져
오직 정진에 힘쓰며
마음에 애욕과 욕심없으면
반드시 저 열반에 가고 말 것을.

譬비人인久구行행
從종遠원吉길還환
親친厚후普보安안
歸귀來래喜희歡환

二四五

고행길 멀리 떠난 외로운 나그네
오랫만에 내 고향 찾아들었네
친척과 이웃들을 한 자리에 만나
기쁘고 즐거운 그때와 같네.

He in whom a desire for the Ineffable (Nirvāṇa) has sprung up, who is staisfied in his mind, and whose thoughts are not bewildered by love, he is called Ūrdhvaṁsrotas (carried upwards by the stream).

Kinsmen, friends, and lovers salute a man who has been long away, and returns safe from afar.

好行福者
從此到彼
自受福祚
如親來喜

二四六

복된 선행 언제나 즐겨하고

이승에서 저승으로 가는 그 사람

고향의 친지들의 환영을 받듯

스스로 지은 복을 제가 받는다.

In like manner his good works receive him who has done good, and has gone from this world to the other,— as kinsmen receive a friend on his return.

二十、 분노품 (忿怒品)

옛날 부처님께서 사위성의 기사굴산에 계실때 제바달타는 아사세왕과 함께 의논하여 부처님과 제자들을 비방케 했다. 제자들이 걸식하더라도 음식을 주지 못하게 하였다.

그때 사리불과 목건련·가섭·수보리·마하파사파제비구니들은 각기 그 제자들을 데리고 다른 나라로 떠났고 오직 부처님만이 五百 명 아라한들과 함께 기사굴산에 계셨다. 제바달타는 아사세왕에게 말했다.

『부처님께서 아직 五백명 제자가 남아 있으니 대왕은 내일 부처님을 청해 성안으로 들어오게 하시오. 그러면 내가 五백 마리 큰 코끼리에 술을 먹여 취한 코끼리들을 내쫓아 그들을 밟아 죽여 없애 버리겠소. 그리하여 내가 부처가 되어 세상을 교화하겠소.』

아사세왕은 이 말을 듣고 매우 기뻐하면서 부처님께 가서 예배하고 『변변찮으나 음식을 준비 하였아오니, 세존께서는 제자들과 함께 궁중에서 공양하시도록 하소서』하였다. 부처님은 그 뜻을 알으시고, 『매우 좋은 일이요. 내일 아침에 가겠소』대답하셨다.

이튿날 부처님은 五백 명 아라한과 함께 성 안으로 들어가셨다. 五백 마리 취한 코끼리들은 콧 소리를 치면서 내달아 집과 담을 무너뜨렸으며, 온 성이 다 벌벌 떨었다. 취한 코끼리들은 부처님 앞으로 달려 왔다. 부처님이 손을 드시자 다섯 손가락은 이내 五백 마리 큰 사자로 화(化)하여, 한꺼번에 외치는 소리가 천지를 진동시켰다. 취한 코끼리들은 무릎을 꿇고 땅에 엎드려 취했던 술이 이내 깨어 눈물을 흘리면서 뉘우쳤다. 부처님은 천천히 걸어 왕의 궁전으로 가서 아라한들과 함께 공양을 마치시고 축원하셨다. 왕은 부처님께 사뢰었다.

『제 성품이 밝지 못하여 그의 참소를 믿고 역죄(逆罪)를 지어 부처님을 해하려 하였나이다. 원하옵건대 큰 자비심으로 용서하소서.』

이에 부처님은 왕과 대중들에게 말씀하셨다.

『세상에는 여덟가지 비방을 일으켜서 자라게 하는 일이 있으니 그것들은 모두 때문이며, 또 이양(利養)을 탐하므로써 큰 죄를 지어 그칠줄을 모르게 되오. 여덟가지란 이익과 손해, 헐뜯음과 기림, 칭찬과 비방, 괴로움과 즐거움으로서 옛날부터 지금까지 미혹하지 않은 사람이 적소.』

이에 부처님은 다시 게송으로 말씀하셨다.

捨에이만
恚離
避제애
諸애탐
愛名색
貪

不불저
著명
名색
色

無무위
爲별
滅멸
苦고

恚에능
能자
自제
制

如여지
止분거
奔車
車

是시위
爲선어
善御

棄기명
冥입
入명
明

二四七

버려라 그 거만 여의라 그 성냄

애욕과 탐심 모두 다 끊으라

명예와 물질에 집착 없으면

괴로움 없는 열반에 들어 가리라.

二四八

달리는 수레를 뜻대로 멈추듯

성내는 마음 스스로 누르면

이것이 자기를 조절하는 이

어두움 버리고 밝음에 들리라.

Let a man leave anger, let him forsake pride, let him overcome all bondage! No sufferings befall the man who is not attached to name and form, and who calls nothing his own.

He who holds back rising anger like a rolling chariot, him I call a real driver; other people are but holding the reins.

본 노품

忽인 辱욕 勝승 恚에
욕됨을 참고 성냄을 이기고

善선 勝승 不불 善선
착한 마음으로 악을 이겨 정진하라

勝능 者자 能능 施시
내것 베풀어 욕심을 이기고

至지 誠성 勝승 欺기
참다운 지성으로 거짓을 이기라.

二四九

不불 欺기 不불 怒노
속이지 말고 성내지 말고

意의 不불 求구 多다
욕심으로 많은 것 탐내지 말라

如여 是시 三삼 事사
이 세가지 항상 행하면

死사 則즉 生생 天천
죽어서 천상에 태어 나리라.

二五〇

Let a man overcome anger by love, let him overcome evil by good; let him overcome the greedy by liberality, the liar by truth!

Speak the truth, do not yield to anger; give, if thou art asked for little; by these three steps thou wilt go near the gods.

常自攝身 상자섭신
慈心不殺 자심불살
是生天上 시생천상
到彼無憂 도피무우

漏盡意解 누진의해
明暮勤學 명모근학
意常覺寤 의상각오
可致泥洹 가치이원

二五一

항상 자기를 스스로 조성하여
어진 마음으로 중생을 살생 말라
이것 바로 천상에 나는 길
거기 가면 근심없나니.

二五二

자나 깨나 굳은 뜻 항상 세워서
아침 저녁 부지런히 배우고 닦아
번뇌의 티 털고 마음 밝으면
마침내 열반에 도달하리라.

The sages who injure nobody, and who always control their body, they will go to the unchangeable place (Nirvāṇa), where if they have gone, they will suffer no more.

Those who are ever watchfull, who study day and night, and who strive after Nirvāṇa, their passions will come to an end.

235 본노품

人인相상毀훼謗방
自자古고至지今금
旣기毀훼多다言언
又우毀훼訥눌訒인
亦역毀훼中중和화
世세無무不불毀훼

二五三

사람들 서로 싸워 비방하는 것
옛부터 지금까지 한결 같거니
말 많으면 수다하다 비방하고
말 없으면 말없다 비방하며
중도를 지켜도 또한 비방하나니
비방받지 않는 사람 세상에 없다.

欲욕意의非비聖성
不부能능制제中중

二五四

욕망이 남았다면 성인 아닐세
그것을 끊지 못해 중도 아닐세

This is an old saying. O Atula, thus is not only of to-day: 'They blame him who sits silent, they blame him who speaks much, they also blame him who says little; there is no one on earth who is not blamed.'

一훼일예 一毀一譽
但단 爲위이 利이 名명

어제 헐뜯고 내일은 칭찬해
모두가 명예와 이익 뿐인것.

二五五

多다 聞문능 能봉 奉법 法
智지혜상정의 慧常定意
如여피염부금 彼閻浮金
孰숙능설유하 能說有瑕

불법을 많이 들어 높이 받들고
지혜와 선정을 항상 닦으면
세상에 금보다 빛나는 사람
뉘 능히 그를 비방할까.

There never was, there never will be, nor is there now, a man who is always blamed, or a man who is always praised.

But he whom those who discriminate praise continually day after day, as without blemish, wise, rich in knowledge and virtue, who would dare to blame him, like a coin

二五六

如阿難淨 저「아라한」처럼 거룩한 이를
莫而誣誘 모함하고 헐뜯어 말하지 말라
諸天咨嗟 모든 하늘도 그를 칭찬하나니
梵釋所稱 모든 신명(神明)도 그를 칭찬하나니。

부처님은 게송을 마치시고 다시 왕에게 말씀하셨다.

『옛날 어떤 국왕이 기러기 고기를 좋아하여 사냥꾼을 시켜 날마다 기러기 한 마리씩 보내어 왕의 밥상에 바쳤소。 기러기 왕이 五백 마리 기러기 떼를 데리고 먹이를 구하려 내려 왔다가, 그물에 걸려 잡히었소。 다른 기러기들은 그 근처를 돌면서 떠나지 않았오。

그때 한 마리는 끝까지 따라 가면서 화살도 피하지 않고 피를 토하며 슬피 울었오。

사냥꾼은 그것을 보고 그 의리에 감동되어, 기러기 왕을 놓아 주어 함께 돌아가게 하였소。 기러기 떼들은 왕을 다시 맞아 기뻐하면서 둘러싸고 날아 갔소。 그리고 사냥꾼은 이 사실을 왕에게 알렸소。 왕도 그의 의리에 감동되어 다시는 잡지 못하게 하였소。』

made of gold from the Jambū river? Even the gods praise him, he is praised even by Brahman.

부처님은 이어 말씀하셨다.

『그때 그 기러기 왕은 바로 나이며 그 한 마리 기러기는 바로 이 아란이며、五百 마리 기러기 떼는 바로 저 五百 아라한이요, 기러기 고기를 먹던 왕은 바로 지금의 대왕이며 그때 사냥꾼은 바로 저 데바닫다요 그는 전생부터 항상 나를 해치려 하였으나 나는 큰 자비의 힘으로 그를 구제하였소. 그리고 원한을 생각하지 않고 스스로 부처가 된 것이오。』

부처님이 이렇게 말씀하실 때 왕과 신하들은 모두 마음이 열려 도를 깨달았다.

常_상守_수護_호身_신
以_이護_호瞋_진恚_에
除_제身_신惡_악行_행
進_진修_수德_덕行_행

二五七

항상 이 몸을 잘 지켜라
성나는 마음 분한 마음에서
이 몸의 나쁜 행을 멀리 여의고
언제나 덕행을 힘써 닦으라.

Beware of bodily anger,
and control thy body! Leave
the sins of the body, and with thy body practice virtue!

239 본노품

思惟念道	除心惡念	以護瞋恚	常守護心	誦習法言	除口惡言	以護瞋恚	常守護口
사유염도	제심악념	이호진에	상수호심	송습법언	제구악언	이호진에	상수호구

二五八

입을 지켜 나쁜말 내지말고

뜻을 지켜 분노를 내지 말라

언제나 입으로 거룩한 말과

진리의 법문만 외우고 익혀라

二五九

항상 마음을 굳게 지키어

성내는 생각을 내지 말아라

나쁜 생각을 아주 없애고

언제나 정진에 힘써 나가라

Beware of the anger of the tongue, and control thy tongue! Leave the sins of the tongue, and practice virtue with thy tongue!

Beware of the anger of the mind, and control thy mind! Leave the sins of the mind, and practice virtue with thy mind!

節身愼言 _{절신신언}
守攝其心 _{수섭기심}
捨恚行道 _{사에행도}
忍辱最强 _{인욕최강}

二六〇

몸을 다듬고 입을 삼가며

번뇌를 막아 마음 맑혀라

성냄을 꺾고 도를 행함에

끈기있게 참아 감이 제일인 것을.

The wise who control their body, who control their tongue, the wise who control their mind, are indeed well controlled.

二十一、진구품(塵垢品)

옛날 어떤 사람이 형제가 없는 아들을 두어 어릴 때부터 그 부모는 매우 가엾이 여기어 간절한 마음으로 훌륭한 사람을 만들려고 스승에게 데리고 가서 공부하라고 권하였다.

그러나 아이는 교만하고 귀찮게 여겨 아침에 배워서 저녁이면 잊어 버리고 익히지 않았다. 그리하여 여러 해를 지났지만 아무 것도 아는 것이 없었다. 부모는 다시 데려다 살림을 살게 하였는데 여전히 교만하고 허황하여 힘쓰지 않았으므로 살림은 궁하게 되고 말았다. 또 방탕하기까지 하여 거리낌이 없이 세간을 내다 팔아 마음껏 즐기었다. 또 인색하고 부끄러움이나 욕됨을 꺼리지 않았으므로 모두 미워하고 천대하였고 아무도 함께 말하지도 않았다.

그러나, 그는 도리어 부모를 원망하고 스승과 벗을 꾸짖으며 차라리 부처님을 섬겨 그 복을 얻는 것만 못하다고 생각하였다. 그리하여 그는 부처님께 나아가 예배하고 사뢰었다.

『부처님의 도는 너그럽고 넓어 용납하지 않는 것이 없다 하오니 제자가 되기를 원하나이다.』

부처님은 그에게 말씀하셨다.

『대저 도를 구하려 하면 먼저 행이 청정하여야 한다. 너는 그 속에 된 때(垢)를 가진채 도에 들어오려 하는구나. 차라리 집에 돌아가 효도하여 부모를 섬기고, 스승의 교훈을 익혀 목숨을 마치도록 있지 않느니만 못하다. 부지런히 힘써 부자가 되고 예의를 무너트리지 말며 목욕하고 깨끗한 옷을 입고 말과 행동을 삼가며 하나를 지켜 하는 일을 성취해 남이 칭찬하고 사모하도록 하라. 이렇게 행하여야 도를 닦을 수 있느니라.』

그리고 부처님은 다시 게송으로 말씀하셨다.

二六一

生_생無_무善_선行_행　살아서 선행 없으면

死_사墮_타惡_악道_도　죽어서 악도에 가나니

徃_왕疾_질無_무間_간　한푼의 노비도 못가지고서

到_도無_무資_자用_용　무간 지옥속으로 빨리 달리네.

Thou art now like a sear leaf, the messengers of Death (Yama) have come near to thee; thou standest at the door of thy departure, and thou hast no provision for thy journey.

當당求구智지慧혜
以이然연意의定정
去거垢구勿물垢구
可가離리苦고形형

二六二

지혜를 구하라 진리를 구하라

군세게 생명 다해 뜻을 세우라

욕망의 더러움 번뇌가 없으면

괴로움 다시 없는 하늘에 날 것이다.

二六三

너는 이제 젊은 때를 지나

엄마의 곁에 와 가까이 섰다

그러나 가는 중간 머물 곳도 없구나

또 너는 앞길의 노자도 없구나。

Make thyself an island, work hard, be wise! When thy impurities are blown away, and thou art free from guilt, thou wilt enter into the heavenly world of the Elect. (Ariya)

Thy life has come to an end, thou art come near to Death (Yama), there is no resting-place for thee on the road, and thou hast no provision for thy journey,

慧ᅰ人인以이漸점
安안徐서精정進진
洗세滌척心심垢구
如여工공鍊연金금

二六四
너는 너의 귀의 할 곳을 만들라
빨리 힘써 어질고 지혜로와라
마음의 더러움이 없는 사람은
다시는 죽고 싦에 들지 않는다。

二六五
슬기로운 사람 급하지 않고
차근히 꾸준히 정진을 하여
금을 다루는 금쟁이처럼
마음의 때를 점점 벗긴다。

Make thyself an island, work hard, be wise! When thy impurities are blown away, and thou art free from guilt, thou wilt not enter again into birth and decay.

Let a wise man blow off the impurities of his self, as a smith blows off the impurities of silver, one by one, little, by little and from time to time,

二六六

惡악生생於어心심
還환自자壞괴形형
如여鐵철生생垢구
反반食식其기身신

악이란 마음에서 생기는 것

도리혀 사람의 몸을 망치나니

마치 쇠의 녹처럼

도리혀 그 쇠를 깎아 먹는다.

二六七

不불誦송爲위言언垢구
不불勤근爲위家가垢구
不불嚴엄爲위色색垢구
放방逸일爲위事사垢구

익히지 않으면 마음에 때가 묻고

부지런하지 않으면 가정에 때가 낀다

게으른 것은 몸의 때가 되고

방일한 것은 일의 때가 되나니.

As the impurity which springs from the iron, when it springs from it, destroys it; thus do a transgressor's own works lead him to the evil path.

The taint of prayers is non-repetition; the taint of houses, non-repair; the taint of the body is sloth, the taint of a watchman, thoughtlessness.

慳간為위惠혜施시求구
不불善선爲위行행垢구
今금世세亦역後후世세
惡악法법爲위常상垢구
垢구中중之지垢구
莫막甚심於어痴치惡악
學학當당斯사惡악
比비丘구無무垢구

二六八

인색한 것은 보시의 때가 되고
선하지 않은 것은 행의 때가 되고
악법에 물드는 온갖 잘못은
이승과 저승의 때가 된다.

二六九

때 가운데 큰 때는
어리석음보다 더한 것 없나니
마땅히 이러한 악을 잘 알아
비구들아 마음 때 없게 하여라.

Bad conduct is the taint of woman, greediness the taint of a benefactor; tainted are all evil ways, in this world and in the next.

But there is a taint worse than all taints,—ignorance is the greatest taint. O mendicants! throw off that taint, and become taintless!

247 진구품

苟구生생爲무恥치
如여鳥조長장喙혜
强강顏안耐내辱욕
名명曰왈穢예生생

二七〇

구구히 살면서 부끄럼 없으면
새 부리 긴것 처럼 교만스럽네
얼굴 두텁게 욕된 그 사람
이것이 세상의 더러운 삶이네.

廉염恥치雖수苦고
義의取취淸청白백
避피辱욕不불妄망
名명曰왈潔결生생

二七一

부끄럼 아는것 지금은 피로와도
깨끗하고 거룩한 곳 나아 가는
욕됨을 버리는 참된 그 삶을
이것을 바로 일러 깨끗하다네.

Life is easy to live for a man who is without shame, a crow hero, a mischief-maker, an insulting, bold, and wretched fellow.

But life is hard to live for a modest man, who always looks for what is pure, who is disinterested, quiet, spotless, and intelligent.

愚人好殺
言無誠實
不與而取
好犯人婦

二七二

어리석은 사람 살생을 즐기고
하는 말마다 성실이 없어
주지 않는것 훔쳐가지고
남의 아내를 즐겨 범하며。

逞心犯戒
迷惑於酒
斯人世世
自堀身本

二七三

욕심이 나는대로 계를 범하고
술과 고기 막행막식 본 볼 것 없다
이 사람 이생에 살아 있을 때
어두운 구렁이에 뿌리를 판다。

He who destroys life, who speaks untruth, who in this world takes what is not given him, who goes to another man's wife;

And the man who gives himself to drinking intoxicating liquors, he, even in this world, digs up his own root.

249 진구품

人인如여覺각是시
不부當당念념惡악
愚우近근非비法법
久구自자燒소沒몰

二七四

중생들아 이것을 부디 깨달아

그리고 악한 생각을 내지 말아라

어리석은 자들 그릇된 법 가까이 하여

스스로의 몸 불태워 버리네.

若약信신布보施시
欲욕揚양名명譽예
會회入입虛허飾식
非비入입淨정定정

二七五

진심으로 하는 참된 보시는

명예나 자랑으로 하지 않나니

남에게 보이려는 헛된 보시는

깨끗하고 편한 마음 얻지 못한다.

O man, know this, that the unrestrained are in a bad state: take care that greediness and vice do not bring thee to grief for a long time!

The world gives according to their faith or according to their pleasure: if a man frets about the food and the drink given to others, he will find no rest either by day or by night.

一切斷欲
截意根原
晝夜守一
必入定意

二七六

크고 작은 모든 욕망 끊어버리고
부질없는 본능의 뿌리 뽑아서
밤이나 낮이나 일념을 지키면
마침내 그 마음 선정을 얻으리.

火莫熱於婬
捷莫疾於怒
網莫密於痴
愛流駃乎河

二七七

음욕보다 더 뜨거운 불길이 없고
분노보다 더 빠른 폭풍 없으며
번뇌보다 더 빽빽한 그물 없거니
애욕의 흐름이 강물보다 빠르다.

He in whom that feeling is destroyed, and taken out with the very root, finds rest by day and by night.

There is no fire like passion, there is no shark like hatred, there is no snare like folly, there is no torrent like greed.

251 진구품

恒항懷회危위害해心심	但단見견外외人인隙극	罪죄福복俱구幷병至지	若약己기稱칭無무瑕하	如여彼피飛비輕경塵진	彼피彼피自자有유隙극	使사己기不불露노外외	善선觀관己이瑕하障장

二七八

남의 허물 잘 보여도

제 허물 보기 어렵다

남의 잘못 틈새에 보이고

제 잘못 티끌처럼 숨기기 쉬워라。

二七九

내 허물 기어 숨기면

죄와 복 같이 오지만

남의 잘못 뒤집어 내면

언제나 위태로움 따르고마네。

The fault of others is easily perceived, but that of oneself is difficult to perceive; a man winnows his neighbour's faults like chaff, but his own fault he hides, as a cheat hides the baddle from the gambler.

If a man looks after the faults of others, and is always inclined to be offended, his own passions will grow, and he is far from the destruction of passions.

그는 이 게송을 듣고 부처님의 분부를 받들어 기뻐하면서 집으로 돌아 갔다. 항상 부처님의 게송의 이치를 생각하면서 허물을 뉘우쳐 새 사람이 되었다.
그리하여, 효도로 부모를 섬기고 스승과 어른을 존경하며 경전을 외워 익히고 살림을 부지런히 힘쓰며 계율을 받들고 자신의 마음을 거두어 좋은 이름이 널리 퍼져 온 나라에서 어진이라 일컫게 되었다. 삼년 뒤, 그는 다시 부처님께 돌아와 온 몸으로 예배한 뒤에 간절히 하소하였다. 그리고 곧 사문이 되어 마음으로 네 가지 진리의 바른 도를 지관(止觀)하여 생각하고 정진하여 아라한의 도를 증득하였다.

虛空無轍迹
沙門無外意
衆人眞樂惡
唯佛淨無穢

二八〇

허공에 새 발자욱 없듯이

사나운 딴 마음 없나니

뭇 사람 악과 악을 따르겠지만

부처님 깨끗이 더로움 없어라.

There is no path through the air, a man is not a Samaṇa by outward acts. The world delights in vanity, the Tathāgatas (the Buddhas) are free from vanity.

二八一

虛空無轍迹 허공에 새 발자욱 남지 않듯이
沙門無外意 사문들은 딴 마음 전혀 없나니
世間皆無常 세상은 모두 무상하지만
佛無我所有 부처님은 아상이 전혀 없어라.

[주석] 지관(止觀)……범어 Samatha Vipasyana 정(定)·혜(慧)를 닦는 선법(禪法)불교의 중요한 수도 방법. 지는 정지(停止), 정적(靜的)으로 마음을 거두어 망념을 쉬고, 마음을 한곳에 집중하는 것을 뜻하며 관은 마음이 깨어 멍청하지 않음을 뜻함.

There is no path through the air, a man is not a Samaṇa by outward acts No creatures are eternal; but the Awakened (Buddha) are never shaken.

二二二. 봉지품(奉持品)

옛날 살차니건이라는 장로 바라문이 있었는데 그는 총명하고 지혜가 나라 안에서 제일이었고 五백 명 제자를 두고는 뽐내어 그 눈 앞에 천하가 없었다.

그는 철판으로 배를 깔고 사람이 물으면,

『지혜가 터져 나올까 두렵기 때문이라』고 했다. 부처님이 세상에 나와 밝고 지혜로우며 도로써 교화 한다는 말을 듣고, 그는 늘 질투하는 마음으로 자나깨나 편하지 않았다. 그는 그 제자들에게 말했다.

『나는 지금 가서 깊고 묘한 이치를 물어 그 마음이 겁에 질려 말할 바를 모르게 하리랑.』 그는 곧 제자들과 함께 기타동산으로 갔다. 문밖에 서서 부처님의 위엄스러운 광명이 마치 해가 처음 뜨는 것처럼 빛나는 것을 멀리서 바라 보고 다섯가지 감정(기쁨·즐거움·욕심·성냄·슬픔)이 용솟음 치며 기쁨과 두려움이 한데 뒤섞였다.

그는 부처님 앞에 나아가 예배하였다.

부처님이 앉으라 하시어 그는 자리에 앉아 사뢰었다.

『어떤 이가 도인이며, 어떤 이가 지혜로우며, 어떤 이가 장로고, 어떤 이가 단정하머, 어떤 이를 사문이라 하고 어떤 이를 비구라 하며, 어떤 이가 도가 있으며, 어떤 이가 계율을 지키는 것입니까. 만일 이런 것을 잘 해설 하시면 나는 제자가 되겠읍니다.」

이에 부처님은 게송으로 대답하셨다.

二八二

好經道者 호경도자
不競於利 불경어리
有利無利 유리무리
無欲不惑 무욕불혹

바른 법 바른 도를 즐기는 사람
이 끝을 따라 다투지 않나니
이익이 있을 때나 손해가 있을 때나
욕심이 없어 유혹되지 않는다.

A man is not a just judge if he carries a matter by violence; no, he who distinguishes both right and wrong

常_상憨_민好_호學_학
正_정心_심以_이行_행
擁_옹懷_회賓_빈慧_혜
是_시謂_위爲_위道_도

二八三

어진 마음으로 배우기 즐겨하고
바른 마음으로 행동을 하여
정의와 지혜를 항상 닦으면
이것이 도를 행하는 삶이니라.

所_소謂_위智_지者_자
不_불必_필辯_변言_언
無_무恐_공無_무懼_구
守_수善_선爲_위智_지

二八四

이른바 지혜로운 사람이라 함은
반드시 말 잘하는 것이 아니다
두려움도 없고 겁내는 일도 없이
선을 지키는 것이 지혜이니라.

who is learned and leads others, not by violence, but by law and equity, and who is guarded by the law and intelligent, he is called just.

A man is not learned because he talks much; he who is patient, free from hatred and fear, he is called learned,

奉持法者　바른 법을 지니는 사람이란
不以多言　많은 말이 필요치 않은 것이다
雖素少聞　비록 적게 법을 들었더라도
身依法行　이 법을 몸으로 실천하여
守道不忘　그 도를 지켜 잊지 않으면
可謂奉法　이것이 참으로 법을 받드는 것이니라.

二八六

所謂長老　이른바 장로(長老)라 함은
不必年耆者　반드시 나이 많은 것이 아니니

A man is not a suporter of the law because he talks much; even if a man has learned little, but sees the law bodily, he is a supporter of the law, a man who never neglects the law.

形형熟숙髮발白백
蠢준愚우而이己이

아무리 늙어서 머리털이 희어도
그것은 한낱 어리석은 늙음일 뿐이니라.

二八七

謂위懷회諦제法법
順순調조慈자仁인
明명達달淸청潔결
是시爲위長장老로

부처님의 진리를 항상 지니고
어질고 자비한 마음으로 다루고 닦아
진리에 밝고 덕행이 청정하면
이것을 장로라 이름하리라.

A man is not an elder because his head is grey; his age may be ripe, but he is called "Old-in-vain."

He in whom there is truth, virtue, love, restraint, moderation, he who is free from impurity and is wise, he is called an elder,

所_소謂_위端_단正_정
非_비色_색如_여花_화
慳_간嫉_질虛_허飾_식
言_언行_행有_유違_위

이른바 단정한 것이란
모양이 꽃처럼 고운 것이 아니라
질투하고 인색하고 헛된 꾸밈새
말과 행동이 어긋나지 않는것

二八八

謂_위能_능捨_사惡_악
根_근原_원己_이斷_단
慧_혜而_이無_무恚_에
是_시謂_위端_단正_정

이같은 모든 악을 능히 버리고
뿌리마저 모두 다 끊어 버리고
지혜로워 마음에 분노 없으면
이것을 일러 단정하다 하느니라.

二八九

An envious, greedy, dishonest man does not become respectable by means of much talking only, or by the beauty of his complexion.

He in whom all this is destroyed, taken out with the very root, he, when freed from hatred and wise, is called respectable.

所소謂위沙사門문
非비必필除제髮발
妄망語어貪탐取취
有유欲욕如여凡범

二九〇

이른 바 사문이란
단순히 머리 깎는것 뜻하지 않나니
거짓된 말과 욕심으로 살면
이런 사문은 범부와 같느니라.

是시爲위沙사門문
息식心심誠성意의
恢회廓확弘홍道도
謂위能능止지惡악

二九一

일체의 악을 모두 다 쉬고
절대의 큰 법을 넓게 닦아
번뇌를 쉬어 마음이 고요에 들면
이것을 참다운 사문이라 하느니라.

Not by tonsure does an undisciplined man who speaks falsehood, become a Samaṇa; can a man be a Samaṇa who is still held captive by desire and greediness?

He who always quiets the evil, whether small or large, he is called a Samaṇa (a quiet man), because he has quieted all evil.

所_소謂_위比_비丘_구
非_비時_시乞_걸食_식
邪_사行_행婬_음彼_피
稱_칭名_명而_이己_이

謂_위捨_사罪_죄福_복
淨_정修_수梵_범行_행
慧_혜能_능破_파怨_원
此_차爲_위比_비丘_구

二九二

이른 바 비구란
음식이나 비는 것이 아니라
행이 삿되고 음란하다면
이름만 비구일 뿐 그것 아닐세.

二九三

죄와 복 그 둘을 모두 다 버리고
거룩한 수행을 고요히 닦아
밝은 슬기로 악을 부수는
이것을 참된 비구라 하는 것이다.

A man is not a mendicant (Bhikshu), simply because he asks others for alms; he who adopts the whole law is a Bhikshu, not he who only begs.

He who is above good and evil, who is chaste, who with knowledge passes through the world, he indeed is called a Bhikshu.

二九四

所<small>소</small>謂<small>위</small> 仁<small>인</small>明<small>명</small>
非<small>비</small>口<small>구</small>不<small>불</small>言<small>언</small>
用<small>용</small>心<small>심</small>不<small>부</small>淨<small>정</small>
外<small>외</small>順<small>순</small>而<small>이</small>己<small>이</small>

이른 바 그윽한 선정이란
입에 말이 없는 그것 아니다
마음을 깨끗이 쓸줄 모르면
한갓 겉으로만 고요할 뿐이니

二九五

謂<small>위</small>心<small>심</small>無<small>무</small>爲<small>위</small>
幷<small>병</small>行<small>행</small>淸<small>청</small>虛<small>허</small>
此<small>차</small>彼<small>피</small>寂<small>적</small>滅<small>멸</small>
是<small>시</small>爲<small>위</small>仁<small>인</small>明<small>명</small>

상대가 떨어진 하염없는 마음자리
깨끗하고 비어서 신령하고 그윽한
이승에서나 저승에서나 항상 적멸하여야
이것을 참다운 밝은 선정이라 하느니라

A man is not a Muni because he observes silence (mona, i. e. mauna), if he is foolish and ignorant; but the wise who, taking the balance, chooses the good and avoids evil, he is a Muni, and is a Muni thereby; he who in this world weighs both sides is called a Muni.

所소謂위有유道도
非비救구一일物물
普보濟제天천下하
無무害해爲위道도

戒계衆중不불言언
我아多다誠다誠성
得득定정意의者자
要요有유閉폐損손

二九六

이른바 도(道)라 하는 것
한쪽만을 구제하는 것 아니라
온 누리 널리 건져서
두루 해침 없어야 도(道)라 한다.

二九七

계 지키는 대중들 말을 하지 않는 것
나는 그렇게 많은 정성 드려 보았다
깊은 선정 언으려 하여
고요한 곳에 들어도 보았다.

A man is not an elect (Ariya) because he injures living creatures; because he has pity on all living creatures, therefore is a man called Ariya.

Not only by discipline and vows, not only by much learning, not by entering into a trance, not by sleeping alone, do I learn the happiness of release which no worldling

意^의解^해求^구安^안
莫^막習^습凡^범夫^부
結^결使^사未^미盡^진
莫^막能^능得^득脫^탈

二九八

진실로 편안을 찾으려거던

범부의 버릇을 익히지 말라

번뇌가 네 마음에 남아 있으면

해탈은 아직도 멀리 있으리.

살차니건과 그 五百 제자들은 부처님의 게송을 듣고 기뻐서 모두 마음이 열렸고 사문이 되었다. 니건한 사람은 보리의 마음을 내었고 五百 제자들은 다 아라한의 도를 얻었다.

can know. Bhikshu, be not confident as long as thou hast not attained the extinction of desires.

二十三, 도행품(道行品)

부처님이 말씀하셨다.

『모든 행자(行者)여, 현실은 고(苦)라는 진리를 여실(如實)히 알고, 고의 원인은 번뇌라는 진리를 여실히 알며, 고를 없애면 실다운 열반(涅槃)이라는 진리를 여실히 알고, 열반의 해탈경(解脫境)에 이르려면 수도해야 한다는 도(道)의 진리를 여실히 알라.

이것을 깨달은 사람이라 하느니라.

고라 함은 사는 피로움, 늙는 피로움, 병 많은 피로움 죽는 피로움, 원수와 만나는 피로움, 사랑하는 이와 이별하는 피로움, 구해도 얻지 못하는 피로움, 다섯가지 조직이 성하는 본능적인 피로움이 그것이다. 고의 원인인 집(集)은 이러한 모든 피로움을 부르는 몸·번뇌·애착이 그것이며, 고의 멸이란 사랑과 욕심과 모든 피로움의 결과를 끊어서 생사의 뿌리를 끊어 없앤이상 경계를 가르키며 고를 말하는 길은 곧 정도(正道) 三十七조도품(助道品)이 그것이다. 행자에 실다이 고를 알고 고의 근본을 끊을 것이며 고가 없어진 멸의 경지가 어떤 것인지를 알며 고를 없애는 방법인 八정도(八正道)를 알아서 법다히 실천해야 한다.

二九九

道爲八直妙
聖諦四句上
無欲法之最
明眼二足尊

도란 여덟가지 묘한 법
진리란 네가도 제일이로세
욕심 없는 것 최상의 법이요
복과 지혜 구족한이 가장 높다네.

三〇〇

此道無有餘
見諦之所淨
趣向滅衆苦
此能壞魔兵

이 길은 옳고 바른 길
이 길 말고 무슨 길 있으랴
그 앞에 모든 괴로움 사라져 버리고
악마의 무리들 모두 부셔지누나.

The best of ways is the Eightfold; the best of truths the Four Words; the best of virtues passionlessness; the best of men he who has eyes to see.

This is the way, there is no other that leads to the purifying of intelligence. Go on this way! Everything else is the deceit of Māra (the tempter).

267 도행품

吾오기설所도
已所道
拔발애고자
愛固刺
宜의이자욱
以自晨
受애여래언
如來言

내 이미 이 도를 가르쳐

三〇一

애욕의 가시덩쿨 뿌리 뽑았다

너희도 마땅히 스스로 닦아

부처님 가르침 받아 지니라.

吾오어여법
語汝法
愛애전위사
箭爲射
宜의이자욱
以自勗
受수여래언
如來言

내 이미 너희들께 법을 말했다

三〇二

애욕의 화살 맞지 말라고

마땅히 스스로 힘써 닦아서

부처님 가르침을 받아 지녀라.

If you go on this way, you will make an end of pain! The way was preached by me, when I had understood the removal of the thorns (in the flesh).

You yourself must make an effort. The Tathāgatas (Buddhas) are only preachers. The thoughtful who enter the way are freed from the bondage of Māre.

三〇三

一切行無常
如慧所觀察
若能覺此苦
行道淨其跡

일체가 무상한 줄 깨닫고 나서
마음의 지혜로써 밝힌 사람은
모든 괴롬 저절로 살아지고
그 자취 가지가지 깨끗하여라.

三〇四

一切衆行苦
如慧之所見
若能覺此苦
行道淨其跡

지혜를 닦아 밝은 소견 얻으면
모든 지어진 것 덧 없이 보네
만일 이 괴롬 능히 깨치면
하는 일 가는 길이 흔적마다 깨끗하리.

"Al created things perish," he who knows and sees this becomes passive in pain; this is the way to purity.

"All created things are grief and pain," he who knows and sees this becomes passive in pain; this is the way that leads to purity.

一일切체行행無무我아
如여慧혜之지所소見견
若약能능覺각此차苦고
行행道도淨정其기跡적

三〇五

지혜를 두루 닦은 밝은 소견 얻으면
육신이 나 아닌줄 사무쳐 아네
만일 이 괴롬 능히 깨치면
하는 일 가는 길이 흔적마다 깨끗하리.

應응起기而이不불起기
恃시力력不불精정懃근
自자陷함人인形형卑비
懈해怠태不불解해慧혜

三〇六

마땅히 일어날 때 일어나지 못하고
젊음만 믿어 힘쓰지 않으면
스스로 약해 구렁에 빠지고
항상 게을러 지혜를 얻지 못하리.

"All forms are unreal," he who knows and sees this becomes passive in pain; this is the way that leads to purity.

He who does not rouse himself when it is time to rise, who, though young and strong, is full of sloth, whose will and thought are weak, that lazy and idle man will never find the way to knowledge.

愼언수의
言불선불
守선불선
意불행불
念행행
如여시삼행제
是시삼행
三행제
行제
除제

佛불설시득도
說시득도
是득도
得도
道도

念염응념즉정
應응념즉정
念즉정
則정
正정

念염불응즉사
不응즉사
應즉사
則사
邪사

慧혜이불기사
而불기사
不기사
起사
邪사

思사정도내성
正정도내성
道도내성
乃내성
成성

三〇七

입으로 말조심 마음으로 욕심 안내며

몸으로 나쁜 짓 저지르지 않아

이렇게 세가지를 깨끗이 하면

마침내 도 얻는다 부처님 가르쳤네。

三〇八

생각이 온전하면 마음이 바르고

생각이 산란하면 마음 또한 산란한 것

지혜로우면 삿된 생각 일지 않고

생각이 바르면 드디어 도를 이루리。

Watching his speech, well restrained in mind, let a man never commit any wrong with his body! Let a man but keep these three roads of action clear, and he will achieve the way which is taught by the wise.

Through zeal knowledge is gotten, through lack of zeal knowledge is lost; let a man who knows this double path of gain and loss thus place himself that knowledge may grow.

伐벌樹수勿물休휴
樹수生생諸제惡악
斷단樹수盡진株주
比비丘구滅멸度도

夫부不불伐벌樹수
少소多다餘여親친
心심繫계於어此차
如여犢특求구母모

三〇九

사랑의 나무를 쉬지 말고 베어라
사랑의 나무가 모든 악을 낳게 하나니
이 나무 베어 내어 뿌리까지 없애면
비구가 마침내 해탈을 얻으리。

三一〇

이 나무 베지 않고 그대로 두어
적고 많은 마음에 남아 있으면
언제나 이것에 얽히고 끌려
송아지 어미소를 찾듯 하리라。

Cut down the whole forest (of lust), not a tree only!
Danger comes out of the forest (of lust). When you have
cut down both the forest (of lust) and its undergrowth, then, Bhikshus, you will be rid of the forest and free!

So long as the love of man towards women, even the
smallest, is not destroyed, so long is his mind in bondage,
as the calf that drinks milk is to its mother.

當자斷戀
如추池蓮
息跡受敎
佛說泥洹

마땅히 애정을 스스로 끊어
가을 연못에 연꽃을 꺾듯하라
흔적도 버리고 가르침 따르라
부처님은 「열반」을 말씀하셨네.

三一二

暑當止此
寒當止此
愚多務慮
莫知來變

더울땐 여기서 살아야 겠다
추울땐 여기서 살아야 겠다
어리석은 생각으로 애쓰고 집착하여
죽음이 다다름을 깨닫지 못하구나.

Cut out the love of self, like an autumn lotus, with thy hand! Cherish the road of peace. Nirvāna has been shown by Sugata (Buddha).

"Here I shall dwell in the rain, here in winter and summer," thus the fool meditates, and does not think of his death.

옛날 어느 바라문이 젊어서 집을 떠나 도를 배웠으나 六十이 되도록 도를 얻지 못했다. 바라문 법에는 나이 六十이 되도록 도를 얻지 못하면 집에 돌아가 아내를 맞아 가정을 이루게 되어 있었다. 그는 가정으로 돌아가 얼굴이 단정한 매우 사랑스런 한 아들을 낳았다.

나이 열일곱살이 되어 공부를 하는데 매우 총명하고 변재가 있었는데 갑자기 중병에 걸려 하루 밤 사이에 목숨을 마쳤다. 범지는 애석하여 어쩔줄 모르면서, 그 시체위에 엎드려 까무러쳤다가는 깨어났다. 친척들은 억지로 시체를 빼앗아 염을 하고 성 밖에 매장하였다. 범지는 생각하였다.

『내가 지금 아무리 울어 보아야 아무 이익이 없다. 차라리 염라대왕에게 가서 아들의 명을 빌어 보리라.』 이에 범지는 모욕 재계한 뒤 꽃과 향을 가지고 집을 떠나 가는 곳마다 사람들에게 염라대왕이 다스리는 나라를 물으며, 수천리를 갔다. 어느 깊은 산중에 이르렀을 때, 여러 도인 범지들을 만나 또 물었다.

『그대는 염라대왕이 다스리는 나라를 알아 무엇하려는 것인가?』

『내게 변재와 지혜가 남보다 뛰어난 한 아들이 있었는데 요즘 갑자기 죽었소. 염라대왕에게 빌어 아들의 목숨을 찾으려 하오.』하면서 거기를 떠났다. 그리고 가만히 생각하였다.

『내가 들으니 사문 고오타마는 사람의 영혼의 변화하는 도리를 잘아신다 하니 가서 물어 보리라.」 그리하여 범지는 부처님에게 갔다.

그때 부처님은 사위국의 기원정사에서 대중을 위해 설법하고 계셨다. 그는 부처님을 뵈옵고 머리를 조아려 예배한 뒤, 그 동안의 내력을 사뢰었다. 부처님은 말씀하셨다.

『너는 참으로 어리석다. 사람이 죽으면 영혼은 떠나 곧 다른 곳에 몸을 받는다. 부모와 부처의 인연으로 모인 것은 마치 여관의 나그네가 아침 일어나면 이내 흩어지는 것과 같은 것이다. 지혜로운 사람은 온정과 애욕에 탐착하지 않고 그 원인을 버리며 부지런히 법과 계율을 닦아 온갖 생각을 없애버리고 생사를 끝내게 되는 것이다.』

그리고 부처님은 다시 게송으로 말씀하셨다.

三一三

人_인營_영妻_처子_자　　처자의 애정에만 집착하여
不_불解_해病_병法_법　　덧 없는 노병사를 생각지 않으면
死_사明_명卒_졸至_지　　죽음의 사자가 졸지에 닥쳐와
如_여水_수湍_서聚_취　　홍수가 대지를 쓸어 가듯 하리라.

Death comes and carries off that man, praised for his children and flocks, his mind distracted, as a flood carries off a sleeping village.

非비有유子자恃시
亦역非비父부母모
爲위死사所소迫박
無무親친可가怙고

慧혜解해是시意의
可가修수經경戒계
勤근行행度도世세
一일切체除제苦고

三二四

이 일에는 아들 딸 믿을 수 없고
부모 형제 또한 믿을 것 없나니
죽음에 다달아 핍박을 받을 적에
나를 구할 이 그 누구이랴.

三二五

지혜있는 이는 이 뜻을 알아
경과 계를 지니고 닦아
부지런히 부지런히 이 세상 건너
일체의 괴로움 모두 다 벗어나리.

Sons are no help, nor a father, nor relations; there is no help from kinsfolk for one whom death has seized.

A wise and good man who knows the meaning of this, should quickly clear the way that leads to Nirvāṇa.

【주석】
1. 행자(行者)……범어 Acarin 불도를 수행하는 이, 아직 중이 되지 않고 절에 있으면서 여러 소임 밑에서 일을 돕고 있는 사람.
2. 해탈경(解脫經)……번뇌의 속박을 벗어나 자유로운 경계에 이르는 것.
3. 八정도(八正道)……불교의 실천 수행하는 중요한 종목을 八종으로 나눈 것.

二十四, 광연품(廣衍品)

부처님이 마갈다국 죽림정사(竹林精舍)에 계실때에 기성약왕은 부처님과 비구들을 청하면서 반특만은 청하지 않았으니, 반특은 너무 어리석어 일이나 하는 정도였기 때문이다. 부처님은 여러 비구들을 데리고 가셨다. 기성약왕은 일어나 청정수(淸淨水)를 돌렸다. 그러나 부처님이 청정수를 받지 않으시니 왕이 그 까닭을 여쭈었는바, 반특을 청하지 않았기 때문이라 하셨다. 기성약왕은 사람을 곧 보내어 반특을 불렀고 반특은 이내 왔다. 기성은 반특의 신통력을 보고 성현(聖賢)을 업신 여긴 것을 스스로 뉘우쳤고 그래서 반특을 특별히 공경하게 됐고, 다른 비구들에게는 예사로 대접하게됐다.

부처님이 말씀하셨다.

『옛날에 마장(馬將)이라는 사람은 말을 무역하는 사람으로 천마리의 말을 몰고 외국으로 가서 팔려고 가는 길에 한 말이 새끼를 낳았다. 마장은 새끼말을 데리고 가기를 귀찮게 여겨 아무에게나 주고 다른 나라로 가서 그 나라 왕을 뵈었다. 그러나 왕은 말의 품질이 특별히 좋지 않아 살만한 것이 없다고 했다. 그런데 그 가운데 한마리가 새를 피우는 소리가 들렸다. 왕은 말의 울음소리를 듣고 그 말은 반드시 훌륭한 새끼 말을 낳았을 것 같다면서、만일 그 망아지를 살 수 있다면 이 말을 모두 사겠다고 했다。마 장은 곧 달려가 자기의 말 한마리를 주고 먼저 자기가 준 망아지를 사고자 했지만、새 끼 망아지를 가져 얻은 그는 듣는지 않았다。그래서 마장은 할수없이 五百마리의 말을 주 고서야 겨우 그 망아지를 사게 되었다。그 망아지를 업신여기어 이것을 남에게 주었다 가 나중에는 五百마리의 어미 말을 주고 그 망아지를 다시 물러 받았다。처음에는 반 특을 박대하다가 지금은 도리어 반특만을 존경하여 다른 五百 비구를 소홀히 하게까지 됐으니 너 또한 저 마장과 같구나」라고 하셨다。

施시 安안雖수 小소
其기 報보彌미 大대
慧혜 從종小소 施시
受수 見견景경 福복

三一六

작은 즐거움을 버리고

큰 갚음을 얻는다면

어진 이는 이것을 바라고

작은 즐거움 기꺼이 버린다。

If by leaving a small pleasure one sees a great pleasure, let a wise man leave the small pleasure, and look to the great,

施시로어 勞어 於어 人인
而이욕 欲망 望우 祐우
殃앙 咎구 歸귀 身신
自자 遭조 廣광 怨원

三一七

남에게 괴롬과 수고를 끼쳐

공과 복을 바라는 자는

재앙과 허물이 마침내 내게로 돌아와

닥치는 원망이 더 없이 큰 것이다.

己기 爲위 多다 事사
非비 事사 亦역 造조
伎기 樂악 放방 逸일
惡악 習습 日일 增증

三一八

이일 저일 많은 일을 함부로 하고

해서는 안될 일도 또한 저질러

오락과 풍류로 방일만 하면

나쁜 버릇 날로날로 더욱 커 가네.

He who, by causing pain to others, wishes to obtain pleasure for himself, he, entangled in the bonds of hatred will never be free from hatred.

What ought to be done is neglected, what ought not to be done is done; the desires of unruly, thoughtless people are always increasing.

精行惟行
習是捨非
修身自覺
是爲正習

三一九

마땅히 할일 힘써 행하고
옳게 익혀 그른것 버려
몸을 닦고 스스로 깨달으면
이것이 바른 도라 하는 것.

除其父母緣
王家及二種
遍滅至境土
無垢爲梵志

三二〇

부모의 인연 끊고
임금·대신·귀족등 종성(種性) 버리고
온갖 것 다 물리치면
때 없는 바라문이라 하리.

But they whose whole watchfulness is always directed to their body, who do not follow what ought not to be done, and who steadfastly do what ought to be done, the desires of such watchful and wise people will come to an end.

A true Brāhmaṇa goes scatheless, though he has killed father and mother, and two valiant kings, though he has destroyed a kingdom with all its subjects.

281 광연품

學선斷단先모母
率솔君군二이臣신
廢폐諸제營영從도
是시上상道도人인

三二一

애정의 뿌리를 먼저 끊으라
임금이 두 신하만 거느리고
모든 관리 상대안하듯 하는
이것이 위 없는 도인이니라。

能능知지自자覺각者자
是시瞿구曇담弟제子자
晝주夜야當당念념是시
一일心심歸귀命명佛불

三二二

스스로 깨달아 이룰 것 잘 알아야
이것이 참으로 부처님의 제자니라
낮이나 밤이나 이것만 생각하여
한 마음 부처님께 온 생명 바치리라。

A true Brāhmaṇa goes scatheless, though he has killed father and mother, and two holy kings, and an eminent man besides.

The disciples of Gotama (Buddha) are always well awake, and their thoughts day and night are always set on Buddha.

善覺自覺者_{선각자각자}
是瞿曇弟子_{시구담제자}
晝夜當念是_{주야당념시}
一心念於法_{일심념어법}

三三

스스로 깨달아 이룰 것 잘 알아야
이것이 참으로 부처님의 제자니라
낮이나 밤이나 이것만 생각하여
한 마음 부처님 법 생각 하리랑

善覺自覺者_{선각자각자}
是瞿曇弟子_{시구담제자}
晝夜當念是_{주야당념시}
一心念於衆_{일심념어중}

三四

스스로 깨달아 이룰 것 잘 알아야
이것이 참으로 부처님의 제자니랑
낮이나 밤이나 이것만 생각하여
한 마음 승보께 온 생명 바치리랑

The disciples of Gotama are always well awake, and their thoughts day and night are always set on the law.

The disciples of Gotama are always well awake, and their thought day and night are always set on the church.

三五

爲위佛불弟제子자
常상悟오自자覺각
日일暮모思사禪선
樂낙觀관一일心심

참으로 슬기로운 부처님 제자는
스스로 깨달음에 항상 사무쳐
낮이나 밤이나 선정을 생각하고
언제나 즐겨 한 마음을 관한다.

三六

爲위佛불弟제子자
當당悟오自자覺각
日일暮모慈자悲비
樂낙觀관一일心심

진정한 부처님 제자라면
마땅히 깨어서 스스로 밝히리라
낮이나 밤이나 자비를 사모하고
즐거운 마음으로 일심을 관하나니.

The disciples of Gotama are always well awake, and their thoughts day and night are always set on their body.

The disciples of Gotama are always well awake, and their mind day and night always delights in compassion.

爲위佛불弟제子자
常상悟오自자覺각
日일暮모思사禪선
樂낙觀관一일心심

三三七

진정한 부처님 제자라면
언제나 깨어서 스스로 밝히나니
낮이나 밤이나 선정을 생각하고
즐거운 마음으로 일심을 관한다.

學학難난捨사罪죄難난
居거在재家가亦역難난
會회止지同동利리難난
艱간難란無무過과有유

三三八

배움이 어렵고 죄 버리기 어려워라
세속에 살기 또한 어려운 것을
대중이 모여 이익을 같이 하기 어렵고
허물을 짓지 않기 성말 어렵네

The disciples of Gotama are always well awake, and their mind day and night always delights in meditation.

It is hard to leave the world (to become a friar), it is hard to enjoy the world; hard is the monastery, painful are the houses; painful it is to dwell with equals (to sha-

比구걸구 丘구求구難란
乞가부자
求하가부자면
難何可不自勉
何가
可
不
自
勉

精정진득자연
進
得
自
然

後후무욕어인
無
欲
於
人

有유신즉계성
信
則
戒
成

從종계다치현
戒
多
致
賢

亦역종득해우
從
得
諧
偶

在재소견공양
所
見
供
養

三一九

비구가 다니며 구걸하기 정말 어렵네
어찌 아니 힘쓰랴 내가 하지 않으랴
정진하면 마침내 얻어지리니
그 때엔 남에게 무엇 바라랴.

三二〇

믿음이 지극하면 계행을 이루고
계를 지키면 어짐을 이루나니
사귀는 벗마다 어질고 착해
가는 곳 어디서나 공양 받으리.

re everything in common), and the itinerant mendicant is beset with pain. Therefore let no man be an itinerant medicant, and he will not be beset with pain.

Whatever place a faithful, virtuous, celebrated, and wealthy man chooses, there he is respected.

近근道도名명顯현
如여高고山산雪설
遠원道도闇암昧매
如여夜야發발箭전

三三一

진리를 끝까지 가까이 하면
높은 산 눈빛처럼 우뚝 빛나고
도를 멀리하고 어둡게 살면
밤에 쏜 화살처럼 보이지 않네.

一일坐좌一일處처臥와
一일行행無무放방逸일
守수一일以이正정身신
心심樂락居거樹수間간

三三二

앉거나 눕거나 서거나 가거나
그 행실 방일하지 않아
한 마음 지켜 몸을 바루면
가는 곳 군데군데 마음 즐겁다.

Good people shine from afar, like the snowy mountains; bad people are not seen, like arrows shot by night.

He who, without ceasing, practices the duty of sitting alone and sleeping alone, he, subduing himself, will rejoice in the destruction of all desires alone, as if living in a forest.

옛날에 부처님이 사위국에서 교화하고 계실때였다. 대중들은 세 때가서 설법을 들었다. 그때 왕의 이름은 푸라세나지트였다. 그는 사람됨이 교만하고 향락만 누리었다. 눈은 빛깔(色)에, 귀는 소리에, 코는 향내에, 혀는 다섯가지 맛, 몸은 촉감에 향락하였다. 매우 맛있는 음식도 조금도 만족 할줄 몰랐고 분량은 갈수록 많았지만 늘 허기증으로 피로와 하였다. 몸은 자꾸 살찌고 커서 눕고 일어날 때는 숨겨워 피로와 했다. 기운이 막히고 숨이 끊어졌다가 한참 만에야 다시 깨어 났으며 앉거나 눕거나 항상 큰 근심거리가 되었다.

그는 명령하여 수레를 장엄해 타고 부처님께 나아가 시자(侍者)가 부축한 채 문안드리고는 한쪽에 물러 앉아 사뢰었다.

『세존이시여, 오랫동안 뵈옵지 못하였나이다. 이 무슨 죄인지 저절로 자꾸 살찌어늘 걱정하고 있나이다. 그리하여 자주 나와 뵈옵고 예배하지 못하였나이다.』

부처님은 말씀하셨다.

『다섯 가지 일이 있어서 늘 사람을 살찌게 하는 것이요. 첫째는 자주 먹는 것이요, 둘째는 잠자기를 좋아하는 것이며, 셋째는 즐거워하는 것이요, 넷째는 근심이 없는 것이며, 다섯째는 일이 없는 것이오. 이 다섯 가지는 사람을 살찌게 하는 것이니 만일 살찌지 않고 싶으면 음식을 줄이고 마음을 태우십시오. 그렇게 하면 여위어질 것이오』이에 부처님은 다시 게송으로 말씀하셨다.

人_인當_당有_유念_염意_의　　사람은 항상 생각을 해야 한다
每_매食_식知_지自_자少_소　　먹을 것을 언제나 적게 먹을 줄 알면
從_종是_시痛_통用_용薄_박　　그 때문에 고통스러워 여위어지고
節_절消_소而_이保_보壽_수　　조금 먹어 소화되고 목숨 보전하리라.

三三三

 왕은 이 게송을 듣고 한량없이 기뻐하면서 곧 숙수(厨士)를 불러 말하였다.
『이 게송을 잘 받들어 짐에게 음식을 내어 올 때마다 이 게송을 내게 외워 주어라.』 숙수는 음식을 내어 올 때에는 먼저 이 게송을 외웠다. 왕은 하루 한 순갈씩 줄이어 차츰 적게 먹고 몸이 가벼워지며 전처럼 여위어졌다. 이렇게 된 것을 보고 기뻐하며 곧 일어나 걸어서 부처님께 나가 예배하였다.
『전날 부처님의 훈계를 듣고 그 법대로 받들어 지금은 몸이 **가벼워졌사온바**, 이것은 다 부처님의 힘이옵니다.』
『세상 사람들은 모든 것이 덧 없음을 알지 못하고, 몸뚱이의 껍옥만 기르면서 복 짓

기를 생각하지 않소. 사람이 죽으면 정신은 떠나가고 몸만을 무덤에 남겨두는 것이오.
그러므로 지혜 있는 사람은 정신을 기르고 어리석은 사람은 몸을 기르오」
부처님은 다시 게송으로 말씀하셨다.
왕은 이 게송을 듣고 기뻐하면서 마음이 열리어 끝없는 바르고 진실한 도의 뜻을 내었다.

三三四

人_인之_지無_무聞_문	사람이 배워 둠이 없으면
老_노如_여特_특牛_우	늙어서도 황소나 돼지 같아서
但_단長_장肌_기肥_비	일 없이 자라고 살만 찌나니
無_무有_유智_지慧_혜	그 어찌 지혜를 가진 것이 있으랴.

慧혜人인見견苦고
是시以이捨사身신
滅멸意의斷단欲욕
愛애盡진無무生생

三三五

지혜로운 사람은 고통을 보고

그런 줄 알아 몸의 애착 버리고

잡념을 없애며 욕심을 끊어

애욕을 다하여 생사를 뛰어 넘네.

二十五、 지옥품 (地獄品)

 옛날 사위국에 부란가섭이라는 바라문이 있었는데 五백 명 제자들이 그를 따랐고 국왕과 시민들이 모두 존경했다. 부처님이 도를 이루시고 제자들과 함께 나열국으로 가실 때, 국왕과 온 백성들이 모두 받들고 공경하였다.
 그 때 부란가섭은 질투하는 마음이 일어나 부처님을 헐뜯고 혼자 존경을 받으려고 하였다. 그래서 제자들을 거느리고 바사익왕에게 가서 호소했다.
 『우리 강론들은 오래 공부한 이 나라의 옛 스승이요, 저 사문 구담은 뒤에 와 아무 노력이 없으면서 스스로 부처가 되었다고 합니다. 그런데 대왕은 우리를 버리고 오로지 그들을 받들려고 하시니, 그러므로 지금 저 부처와 도력을 겨루어 누가 이기는가를 판가름해서 이기는 이를 왕은 종신토록 받드십시오.』 왕은,
 『매우 좋은 일이오.』 하고, 수레를 장엄하여 부처님께 나아가 예배하고 사뢰어 신통변화를 겨누도록 했다. 왕은 성 동쪽 편편하며 넓고 좋은 땅에 높은 자리 두개를 만들었다. 가섭은 제자들과 먼저 와서 사다리를 밟고 올라갔다.
 부처님은 대중과 함께 조용히 걸어 오셔서 막 높은 자리로 향하자, 어느새 올라가셨

고, 제자들도 모두 잠자코 차례로 앉았다. 왕과 신하들은 더욱 공경하여 머리를 조아리고 부처님께

『원하옵컨대 저 삿된 소견을 가진 무리들을 억눌러 항복 받으시고 또 이 나라 사람들로 하여금 바르고 진실한 법을 길이 믿게 하소서。』하고 원했다.

그때 부처님은 자리에서 갑자기 사라져 곧 허공에 올라 큰 광명을 떨치시는 등 열여덟가지 불가사의 변화를 보이셨다. 부란가섭은 스스로 도가 없는 줄을 깨닫고 머리를 수그리고 부끄러워하며 감히 눈을 들지 못하였고, 제자들 보기가 창피하여 어느 강가에 이르러 제자들을 속여 말하였다.

『내가 지금 몸을 물에 던지면 반드시 범천하늘에 날 것이다. 만일 내가 돌아오지 않거든 그런 줄 알라。』제자들은 기다렸으나 그가 돌아오지 않으므로

『스승은 틀림없이 천상으로 갔을 것이다. 우리는 왜 여기 있을 것인가。』하고, 모두 몸을 던지면서 스승을 따라가기를 원했다. 그러나 그 지은 죄에 끌려 지옥에 떨어지는 줄은 알지 못하였다. 국왕은 그 소문을 듣고 매우 놀라 부처님께 나가 사뢰었다.

『부란가섭의 무리들은 무슨 인연으로 그처럼 미욱하나이까。』

부처님은 이어 게송으로 말씀하셨다.

妄_망證_증求_구賂_뢰
行_행已_이不_부正_정
怨_원讚_찬良_양人_인
以_이枉_광治_치世_세
罪_죄牽_견斯_사人_인
令_영墮_타地_지獄_옥

三三六

거짓으로 깨달았다 뇌물을 구하고

행이 이미 바르지 않으며

선량한 사람을 헐뜯고 모함하여

그릇된 법으로 세상을 현혹하면

죄가 그 사람 지옥에 끌고 가

타는 불 구덩이에 던지게 한다.

妄_망語_어地_지獄_옥近_근
作_작之_지言_언不_부作_작

三三七

거짓으로 남을 해하면 그것이 지옥가는 길

하고도 않했다 다시 감추면

二罪後俱受 이죄후구수
自作自牽往 자작자견왕

겹으로 죄를 거듭 받게 되나니
제 몸을 제가 끌어 지옥에 던진다。

法衣在其身 법의재기신
爲惡不自禁 위악부자금
苟沒惡行者 구몰악행자
終則墮地獄 종즉타지옥

三三八

아무리 몸에 법의(法衣)를 입었다 해도
악한 일 저지르고 억제할 줄 모르면
그 사람 악한 구렁 빠져 들어가
그대로 지옥에 떨어지리라。

He who says what is not, goes to hell; he also who having done a thing, says I have not done it. After death both are equal, they are men. with evil deeds in the next world.

Many men whose shoulders are covered with the yellow gown are ill-conditioned and unrestrained; such evil-doers by their evil deeds go to hell.

寧영嚂감燒소石석
吞탄飮음鎔용銅동
不불以이無무戒계
食식人인信신施시

三三九

차라리 불에 달은 돌을 삼키고
녹아 흐르는 쇳물을 마실지언정
계(戒)를 잃은 더러운 몸으로
어찌 남의 보시(布施)를 받으리。

放방逸일有유四사事사
好호犯범他타人인婦부
臥와險험非비福복利리
毁훼三삼淫음泆질四사

三四〇

네가지 방일하는 잘못이 있나니
남의 부인 범하기 좋아하면
비방과 뒤숭숭한 꿈
복이 없고 지옥에 떨어진다。

Better it would be to swallow a heated iron ball, like flaring fire, than that a bad unrestrained fellow should live on the charity of the land.

Four things does a reckless man gain who covets his neighbour's wife,—a bad reputation, an uncomfortable bed, thirdly, punishment, and lastly, hell.

不복 福복 利리 墮타 惡악
畏외 而이 畏외 樂락 寡과
王왕 法법 重중 罰벌 加가
身신 死사 入입 地지 獄옥

譬비 如여 拔발 管관 草초
執집 緩완 則즉 傷상 手수
學학 戒계 不불 禁금 制제
獄옥 錄녹 乃내 自자 賊적

三四一

복 된 일 없고 악한데 떨어져
두려움 더욱 많고 즐거움 적어라
법에서는 무거운 벌 내리고
죽은 뒤 지옥에 떨어지나니。

三四二

억새 풀 뽑을 때처럼
허술히 잡으면 손을 베는 것
계를 지켜 단속하지 않으면
지옥으로 이끄는 도둑이 된다.

There is bad reputation, and the evil way (to hell); there is the short pleasure of the frightened in the arms of the frightened, and the king imposes heavy punishment; therefore let no man think of his neighbour's wife.

As a grass-blade, if badly grasped, cuts the arm, badly-practiced asceticism leads to hell.

人行爲慢惰
不能除衆勞
梵行玷玷缺
終不受大福

常行所當行
自持必令强
遠離諸外道
莫習爲塵垢

三四三

그 행실 게을러 단속이 없고
해야 할 노력을 하지 않으면
아무리 거룩해도 험이 있는것
마침내 큰 복을 받지 못한다.

三四四

할 일을 쉬지 않고 항상 행하면
반드시 스스로 굳세어 지는 것
모든 외도 삿된 마음 버리고 나서
다시는 때에 묻어 더럽지 말라.

An act carelessly performed a broken vow, and hesitating obedience to discipline, all this brings no great reward.

If anything is to be done, let a man do it, let him attack it vigorously! A careless pilgrim only scatters the dust of his passions more widely.

爲위所소
不부當당
當당爲위
爲위

所소
適적
無무
悔회
悋희

行행
善선
常상
吉길
順순

然연
後후
致치
鬱울
毒독

如여
備비
邊변
城성

中중
外외
牢뇌
固고

自자
守수
其기
心심

非비
法법
不불
生생

三四五

해서는 안될 일 저질러 놓고
번뇌의 독으로 답답해 하네
착한 일 했을 땐 즐겁고 복된 것
가는 곳 마다 뉘우침 없네.

三四六

변방의 국경을 튼튼히 하듯
나라의 안팎이 군건해 지듯
마음을 스스로 굳게 지키면
그릇된 온갖것 생기지 않네

An evil deed is better left undone, for a man repents of it afterwards; a good deed is better done, for having done it, one does not repent.

Like a well-guarded frontier fort, with defenses within and without, s let a man guard himself. Not a moment should escape, for they who allow the right moment to pass, suffer pain when they are in hell.

行행缺결致치憂우
令영墮타地지獄옥

죄악을 행하면 근심이 뒤따르고
죽어서는 마침내 지옥에 가네。

三四七

可가羞수不불羞수
非비羞수反반羞수
生생爲위邪사見견
死사墮타地지獄옥

부끄러워 할 것을 부끄러워 할 줄 모르고
부끄럽지 않은 걸 부끄러워 하면
살아선 그릇된 소견에 매이고
죽어선 지옥의 악과(惡果) 받는다。

They who are ashamed of what they ought not to be ashamed of, and are not ashamed of what they ought to be ashamed of, such men, embracing false doctrines, enter the evil path.

可가畏외不불畏외
非비畏외反반畏외
信신向향邪사見견
死사墮타地지獄옥

三四八

두려워 해야 할 것 겁내지 않고
두렵지 않은 것 도리혀 겁내어
이같은 삿된 소견 믿고 산다면
마침내 죽어서 지옥에 가리.

可가避피不불避피
可가就취不불就취
翫완習습邪사見견
死사墮타地지獄옥

三四九

피해야 옳은 일 피하지 않고
해야만 될 일 하지를 않아
이같은 삿된 소견 익혀 나가면
죽어서 마침내 지옥에 가리.

They who fear when they ought not to fear, and fear not when they ought to fear, such men, embracing false doctrines, enter the evil path.

They who forbid when there is nothing to be forbidden, and forbid not when there is something to be forbidden, such men, embracing false doctrines, enter the evil path.

可가 可가
近근 遠원
則즉 則즉
近근 遠원

恒항 死사
守수 墮타
正정 善선
見견 道도

三五〇

가까이 할 일은 가까이 하고

멀리 할 일은 멀리 하여라

언제나 바른 소견 지켜 나가면

죽어도 좋은 세계 태어나리라.

They who know what is forbidden as forbidden and what is not forbidden as not forbidden, such men, embracing the true doctrine, enter the good path.

二十六、 상품(象品)

옛날 라후라(羅睺羅)가 아직 도를 얻기 전이었다. 심성이 거칠고 사나와 그 말에 진실성이 적었다. 부처님은

『너는 저 현제(賢提)절에 가서 머무르되 입을 지키고 뜻을 지키어 경전과 계율을 부지런히 닦으라.』라후라는 분부를 받들고 예배하고 떠나 현제절에 가 구십일 동안 스스로 부끄러워 하고 뉘우치며 밤낮을 쉬지 않았다. 부처님은 거기 가 보셨다. 라후라는 반가와 하면서 앞으로 나가 예배했다. 부처님은 평상에 걸터 앉으시어 라후라에게,

『대야에 물을 길어 와 내 발을 씻으라』하셨다. 라후라는 분부를 받고 부처님 발을 씻어 드렸다. 발을 씻은 뒤 부처님은,

『너는 발을 씻은 대야물을 보느냐』

『네, 보나이다.』

『그 물을 먹거나 양치질 할 수 있겠느냐』

『다시 쓸 수 없나이다. 왜냐하면 그 물이 본래는 깨끗하였사오나 이제 발을 씻어 더러워졌기 때문이옵니다. 그러므로 다시 쓸 수 없나이다.』

『너도 그와 같다. 비록 나의 제자고, 국왕의 손자로서 세상의 영화를 버리고 사문이 되었지만, 정진하여 몸과 입을 지키기를 생각하지 않고 더러운 세가지 독이 네 가슴에 가득 차서 이 물처럼 쓸 수 없느니라.』 부처님은

『그 발 씻은 대야의 물을 버려라.』 하셨다.

『그 대야가 이제 비었지만 거기에 음식을 담을 수 있겠느냐.』

『담을 수 없나이다. 왜냐하면 발을 씻은 대야라는 이름이 있어 더러워졌기 때문이옵니다.』

『너도 그와 같이 비록 사문이 되었으나 입에는 진실한 말이 없고 마음은 거칠며 정진하기를 생각하지 않아 나쁜 이름을 받았으므로 저 발 씻은 대야에 음식을 담을 수 없는 것과 같으니라.』 부처님은 발로 대야를 차셨다. 대야는 굴러 엎치락 뒤치락 하다가 멈추었다.

『너는 혹 저 대야를 아껴 깨어질까 두려워 하는가.』 라후라는 사뢰었다.

『마음에 다소 아끼기는 하지만 크게 애닯지는 아니 하였나이다.』

『너도 그와 같이 사랑하지 않고 지혜로운 사람이 아끼지 않는다. 또 여러 부처님과 성현들이 아까와 하지 않나니 발 씻은 대야는 아까와 할 것이 없는 것과 같으니라.』 라후라는 부끄럽고 두려워하였다. 부처님은 다시 말씀하셨다.

『옛날 어떤 국왕이 큰 코끼리를 가지고 있었다. 사납고 영리하여 잘 싸웠으며, 五백

마리 작은 코끼리보다 세었다. 왕은 군사를 일으켜 전국을 치고자 코끼리에 쇠갑옷을 입히고 상사(象士)가 몰았다. 또 코끼리의 두 어금니에는 두 개의 창을 붙들어 매고 두 귀에는 두 개의 칼을 붙들어 매었으며, 또 네 발에는 굽은 칼을 붙들어 매고 또 꼬리에는 쇠몽둥이를 붙들어 매었다. 이렇게 아홉 가지 날카로운 무기로 코끼리를 장엄하였다. 그러나 코끼리는 코만은 감추어두고 싸움에 쓰려 하지 않았다. 왜냐하면 코끼리의 코는 부드럽고 약해서 화살에 맞으면 곧 죽기때문이었다. 그런데 코끼리가 싸우다가 코를 내어 칼을 찾았다. 그러나 상사는 칼을 주지 않고, 「이 코끼리는 제 신명을 아끼지 않는구나」하고 생각하였다. 코끼리는 코를 내어 칼을 얻어 가지고 코끝에 붙이려 했지만 왕과 신하들은 큰 코끼리를 매우 아끼어 기어코 싸우게 하지 않았다.

『사람이 아홉가지 악은 범하더라도 오직 입만은 단속하여야 한다. 큰 코끼리가 코를 보호하여 싸우지 않듯이 사람도 입을 단속하는 이유는 지옥등 세가지 세계의 고통을 두려워하기 때문이니라. 열 가지 악을 범하여 입을 단속하지 않은 사람은 큰 코끼리가 싸우다가 제 목숨을 잃는 것과 같으니라.

그러므로 몸과 입과 뜻을 잘 단속하여 열 가지 선을 행하고 어떤 악도 범하지 않으면 그는 도를 얻어 三계를 떠나 생사의 근심이 없게 되느니라.』

이에 부처님은 다시 게송으로 말씀하셨다.

我아 如여 象상 鬪투
不불 恐공 中중 箭전
常상 以이 誠성 信신
度도 無무 戒계 人인

三五一

용맹한 코끼리는 싸움터에 나가도
화살을 조금도 두려워 않듯이
언제나 지성으로 일럼 지키어
계 없는 세상 사람 모두 구하리。

譬비 象상 調조 正정
可가 中중 王왕 乘승
調조 爲위 尊존 人인
乃내 受수 誠성 信신

三五二

길들고 훈련된 코끼리
임금이 언제나 타고 다니듯
거룩한 인격으로 길드린 사람
정성과 믿음으로 높임을 받네。

Silently shall I endure abuse as the elephant in battle endures the arrow sent from the bow; for the world is ill-natured.

They lead to battle, a tamed elephant, the king mounts a tamed elephant; the tamed is the best among men, he who silently endures abuse.

雖수 爲위 常상 調조
如여 彼피 新신 馳치
亦역 最최 善선 象상
不불 如여 自자 調조

三五三

훌륭하게 길드린 말도
잘 달리는 당나귀라도
크고 힘센 코끼리라도
스스로를 길드린 수행만 못하구나.

彼피 不불 能능 適적
人인 所소 不부 至지
唯유 自자 調조 者자
能능 到도 調조 方방

三五四

저들이 아무리 훈련 됐어도
그것으로 열반의 저 언덕 갈수 없나니
마음을 길드려 수행한 사람
그 만이 그곳에 갈 수 있는 것.

Mules are good, if tamed, and noble Sindhu horses, and elephants with large tusks; but he who tames himself is better still.

For with these animals does no man reach the untrodden country (Nirvāṇa), where a tamed man goes on a tamed animal, namely on his own well-tamed self.

라후라는 부처님의 간곡한 교훈을 뼈에 새겨 잊지 않고 정진하며 온갖 생각이 사라지고 고요하게 되어서 아라한의 도를 얻었다.

 옛날 부처님은 사위국의 기원정사에서 대중들을 위하여 법을 연설하고 계셨다. 그때 아제담이라는 장자 거사는 부처님께 나가 예배하고 꿇어 앉아 사뢰었다.

『진작 뵈오려 하였사오나 사사 일에 쫓기어 뜻을 이루지 못하였나이다. 원컨대 용서하여 주소서.』

『어디서 오는 길이며 이름은 무엇이라 하는가?』

『원래 거사의 종족으로서 이름을 아제담이라 하오며, 선왕 때에는 왕의 코끼리를 다루었나이다.』

『거사의 코끼리를 다루는 법에는 몇가지가 있는가?』

『세 가지 법으로 코끼리를 다루나이다. 첫째는 든든한 갈구리로 입을 걸어 고삐에 매는 것이고, 둘째는 먹이를 적게 주어 굶주려 여위게 하는 것이며, 세째는 몽둥이로 때려 고통을 주는 것이니, 이 세 가지 법이라야 잘 길드나이다.』

『그 세 가지 법은 내용이 어떻게 다른가?』

『쇠갈구리로 입을 거는 것은 거센 성질을 제어하는 것이며, 먹이를 적게 주는 것은 함부로 날뛰는 몸을 제어하는 것이며, 몽둥이로 때리는 것은 마음을 항복 받는 것이니 그렇게 하여 잘 길드리는 것입니다.』

『그렇게 훈련시켜 무엇에 쓰는가』

『왕이 타시기에 알맞고 또 싸울 때에 나아가고 물러가는데 걸림이 없나이다』

부처님은 말씀하셨다.

『다만 코끼리를 다룰 뿐 아니라 자기 자신도 잘 다루어야 하느니라. 나도 세 가지 법으로 모든 사람들을 다루고 또 내 자신도 다루어 함없음(無爲)에 이르게 되느니라. 첫째는 진실한 말로 입의 업을 제어하고, 둘째는 인자하고 꿋꿋함으로써 거센 몸을 항복받으며, 셋째는 지혜로써 어리석은 번뇌를 없애는 것이니, 이 세 가지 법으로 모든 중생을 제도하여 三악도를 여의게 하고, 또 나 자신이 함없음에 이르러 생사와 근심·슬픔·고통·번뇌를 받지 않느니라.』

이에 부처님은 다시 게송으로 말씀하셨다.

如여象상名명財재守수
猛맹害해難난禁금制제
繫계絆반不불如여食식
而이猶유暴폭逸일象상

三五五

사납고 거칠어 다를 수 없는
〈재수〉라 이름하는 나쁜 코끼리
잡아 오면 밥도 물도 먹지 않고서
제 곳이 그리워 더욱 날 뛰네.

沒몰在재惡악行행者자
恒항以이貪탐自자繫계
其기象상不부知지厭염
故고數수入입胞포胎태

三五六

나쁜 생활에 빠진 사람들
욕심으로 언제나 자신을 얽매나니
욕심많은 코끼리가 먹이를 탐해
몇번이고 태 속에 드는 것 같네.

The elephant called Dhamapālaka, his temples running with sap, and difficult to hold, does not eat a morsel when bound; the elephant longs for the elephant grove.

If a man becomes fat and a great eater, if he is sleepy and rolls himself about, that fool, like a hog fed on wash, is born again and again.

本의意의爲위純순行행
及급常상行행所소安안
悉실捨사降강結결使사
如여鉤구制제象상調조

三五七

욕심따라 뜻 따라
이리저리 헤매던 마음
모두를 붙들어 얽매었나니
코끼리로 코 꿰어 붙들어 놓듯。

樂락道도不불放방逸일
常상能능自자護호心심
是시爲위拔발身신苦고
如여象상出출于우陷함

三五八

즐기어 도를 닦고 게으름 피지 않아
스스로 내 마음 보호하며는
이것이 고통에서 몸을 빼는 것
코끼리가 수렁에서 뛰어 나오듯。

This mind of mine went formerly wandering about as it liked, as it listed, as it pleased; but I shall now hold it in throughly, as the rider who holds the hook holds in the furious elephant.

Be not thoughtless, watch your thoughts! Draw yourself out of the evil way, like an elephant sunk in mud.

三五九

若^약得^득賢^현能^능伴^반
俱^구行^행行^행善^선悍^한
能^능伏^복諸^제所^소聞^문
至^지到^도不^불失^실意^의

어질고 밝은 벗 항상 착하고
바르고 옳은 행 군게 행하면
듣고 보는 온갖 유혹 모두 항복해
지극한 도심을 잃지 않으리.

三六〇

不^부得^득賢^현能^능伴^반
俱^구行^행行^행惡^악悍^한
廣^광斷^단王^왕邑^읍里^리
寧^영獨^독不^불爲^위惡^악

어질고 착한 벗 얻지 못하여
거칠고 나쁜짓 두루 행하려면
나라를 잃어버린 임금처럼
차라리 홀로 되어 악을 버리라.

If a man find a prudent companion who walks with him, is wise, and lives soberly, he may walk with him, overcoming all dangers, happy, but considerate.

If a man find no prudent companion who walks with him, is wise, and lives soberly, let him walk alone, like a king who has left his conquered country behind, like an elephant in the forest.

寧영獨독行행爲위善선
不불與여愚우爲위侶려
獨독而이不불爲위惡악
如여象상驚경自자護호

獨독行행爲위善선
不불與여愚우爲위侶려
獨독而이不불爲위惡악
如여象상驚경自자護호

生생而이有유利리安안
伴반溫온和화爲위安안
命명盡진爲위福복安안
衆중惡악不불犯범安안

三六一

차라리 혼자서 선을 행할 지언정
우치한 벗과는 짝하지 않으리
악행을 하지 않고 고독을 기키어
놀란 코끼리 몸 지키듯 하리라。

三六二

좋은데 태어 나는 것 첫째의 안락
온화한 벗이 있는 것 둘째의 안락
복되게 죽는 것 셋째의 안락
많은 죄 짓지 않는 것 넷째의 안락。

It is better to live alone, there is no companionship with a fool; let a man walk alone, let him commit no sin, with few wishes, like an elephant in the forest.

If an occasion arises, friends are pleasant; enjoyment is pleasant, whatever be the cause; a good work is pleasant in the hour of death; the giving up of all grief is pleasant.

人ᵢ가 家ᵧ有ᵤ 母ᵤ樂ᵣ
有ᵤ父ᵦ斯ᵧ亦ᵧ樂ᵣ
世ᵧ有ᵤ沙ᵧ門ᵦ樂ᵣ
天ᵣ下ᵦ有ᵤ道ᵦ樂ᵣ

持ᵧ戒ᵧ終ᵦ老ᵦ安ᵦ
信ᵧ正ᵦ所ᵦ正ᵦ善ᵧ
智ᵧ慧ᵧ最ᵧ安ᵦ身ᵧ
不ᵦ犯ᵦ惡ᵦ最ᵧ樂ᵣ

三六三

어머니 살아 계신 것 첫째 즐거움
아버지 살아 계심이 둘째 즐거움
세상에 수도자 있는 것 셋째 즐거움
천하에 도(道)가 있는것 넷째 즐거움.

三六四

계(戒)를 지키면 늙어 즐거움
믿음이 바르면 하는 일 모두 바르고
지혜를 밝히면 심신이 편안하고
악을 범하지 않으면 더욱 즐겁나니.

Pleasant in the world is the state of a mother, pleasant the state of a father, pleasant the state of a Samaṇa, pleasant the state of a Brāhmaṇa.

Pleasant is virtue lasting to old age, pleasant is a faith firmly rooted; pleasant is attainment of intelligence, pleasant is avoiding of sins.

二十七、애욕품(愛欲品)

 옛날 부처님은 사위성국의 기사굴산에서 대중들을 위해 법문을 하고 계셨다. 그때 한 사람이 집과 처자를 버리고 부처님께 사문이 되기를 청하였다. 부처님은 곧 받아들여 사문을 만드시고 나무 밑에 앉아 도를 생각하라고 분부하셨다. 그 비구는 부처님 분부를 따라 백여리쯤 떨어진 어느 깊은 산에 들어가 숲 속에 혼자 앉아 三년 동안 도를 생각하였지만 마음은 굳지 못하여 집으로 돌아가고 싶었다. 그래서 산을 나왔다.
 부처님은 거룩한 지혜로 그 비구가 장차 도를 얻을 수 있는데도 어리석기 때문에 집으로 돌아간다 생각하시고 신통으로 사문으로 화(化)하여 길을 거슬러 가시다가 도중에서 그를 만났다. 두 사람은 같이 앉아 쉬면서 이야기 하였다. 그는 말하였다.
 『나는 사문이 되어 깊은 산에 살았으나 도를 얻지 못하였소. 아무것도 얻지 못한채 복숨만 잃을 것 같소. 그래서 지금 후회하고 집으로 돌아가는 길이오.』
 어느 틈엔가 원숭이 한 마리가 나타났다. 그것은 오래 전부터 숲을 멀리 떠나 숲이 없는 곳에서 살고 있었다. 변신한 사문은 그 비구에게 물었다.
 『저 늙은 원숭이는 왜 이런 평지에 홀로 살면서, 나무도 없는 이곳에서 무엇을 하며

『나는 오래전부터 저 원숭이를 보았는데, 두 가지 일로 여기 와서 사오. 그 두 가지란, 첫째 숲속에 살면 처자 권속이 많아 맛있는 음식을 마음껏 즐기지 못하기 때문이고 둘째 숲에 있으면 날마다 나무를 오르내리 노라고 편히 쉴 수 없을 것이니 이 두가지 일 때문에 숲을 버리고 여기 와서 사는 것 같소.』 두 사람이 이렇게 말할 때 그 원숭이는 도로 나무 위로 달려 올라 갔다. 변신한 사문은 비구에게 말하였다.

『저 원숭이처럼 다시 숲속으로 들어가오.』

『저 짐승은 어리석소. 숲을 떠나게 되었는데도 시끄러움과 번거러움을 싫어하지 않고 숲 속으로 들어가는 것이오.』

『당신도 그와 같소. 저 원숭이와 무엇이 다르오. 당신도 본래 두 가지 일 때문에 이 산중에 들어 왔소. 첫째 아내와 집이 감옥 같고, 둘째 자식과 권속들이 잠을통과 같기 때문에 당신은 여기 와서 도를 닦아 생사의 괴로움을 끊으려 한 것이오. 그런데 집에 돌아가 다시 감옥에 들어가는 것이오.』 변신한 사문이 곧 상호(相好)를 나타내어 전생 일을 알고 마음 속으로 허물을 뉘우쳤다. 부처님은 게송으로 말씀하셨다.

그 비구는 부처님의 광명 모양을 보고 또 이 게송을 듣고는 두려워 벌벌 떨다가 온 몸을 땅에 던져 참회하고 사과하며 속으로 꾸짖고 회개하였다. 그리고 물러나 수식관(數息觀)──숨결을 세면서 관하는 수행. 을 닦고 지관(止觀)을 닦아 부처님 앞에서 아라한이 되었다.

心심放방在재姪음行행
欲욕愛애增증枝기條조
分분布시生생熾치盛성
超초躍약貪탐果과猴후
以이爲위愛애忍인苦고
貪탐欲욕著착世세間간

三六五

마음이 방탕하여 음행이 치성하면
애욕의 나무가지 더욱 뻗나니
사방으로 이리저리 헤매는 꼴이
과실 찾아 날뛰는 원숭이 같네.

三六六

애욕을 참는 힘은 하도 피로워
세상을 탐내고 집착하다가

The thirst of a thoughtless man grows like a creeper; he runs from life to life, like a monkey seeking fruit in the forest.

Whomsoever this fierce thirst overcomes, full of poison, in this world, his sufferings increase like the abounding Biraṇa grass.

317 애욕품

憂患日夜長
延如蔓草生

걱정과 근심 날로 자라는 것
칡넝쿨이 넝쿨을 뻗어 가듯이.

三六七

人爲恩愛感
不能捨情欲
如是憂愛多
潺潺盈于池

무섭게 사로잡는 사랑과 감정
정욕을 끝까지 못버릴 그 때
그러면 그럴수록 걱정근심 불어 감이
연못의 물방울이 점점 불듯이.

三六八

爲道行者
不與欲會

애당초 애욕의 뿌리를 뽑아

He who overcomes this fierce thirst difficult to be conquered in this world, sufferings fall off from him, like water-drops from a lotus leaf.

This salutary word I tell you, 'Do ye, as many as are here assembled, dig up the root of thirst, as he who wants the sweet-scented Usīra root must dig up the Bīra-

先선 無무 勿물 令영
誅주 所소 如여 心심
愛애 植식 刈예 復부
本본 根근 葦위 生생

如여樹수根근深심固고
雖수截절猶유復부生생
愛애意의不부盡진除제
趣취當당還환受수苦고

그 뿌리 다시는 심지를 말고
갈대를 베듯이 아주 뽑아내
다시는 그 마음 못나게 하라.

三六九

군센 뿌리 깊게 내린 나무
끊어도 끊어도 다시 나듯이
애욕의 그 마음을 뽑지 않으면
쌓트는 그 고통을 어찌할 것인가

a grass, that Māra (the tempter) may not crush, you again and again, as the stream crushes the reeds.'

As a tree even though it has been cut down is firm so long as its root is safe, and grows again, thus, unless the feeders of thirst are destroyed, this pain (of life) will return again and again.

三十六使流류
幷병及心意漏루
數수數有邪見견
依의於욕欲想結결
一일切체意의流유衍연
愛애結여如간葛등藤등
唯유慧혜分분明명見견
能능斷단意의根근原원

三七〇

번뇌의 서른여섯 흐름이 있어
마음을 흔들어 새고 있나니
삿된 소견 이리저리 뻗어 내려서
애욕의 쇠사슬에 도로 묶일 것이다.

三七一

번뇌의 생각들이 흘러 내리고
애욕의 얽힘 취넝쿨 같나니
오직 지혜로 밝게 분별해
번뇌의 뿌리를 끊어 버리라.

He whose thirst running towards pleasure is exceeding strong in the thirty-six channels, the waves will carry away that misguided man, namely, his desires which are set on passion.

The channels run everywhere, the creeper (of passion) stands sprouting; if you see the creeper springing up, cut its root by means of knowledge.

夫부從종愛애潤윤澤택
思사想상爲위滋자蔓만
愛애欲욕深심無무底저
老노死사是시用용增증

三七二

애욕의 물결이 점점 불어서
번뇌가 그를 따라 더욱 뻗치네
가없이 깊고 깊어 끝이 없어라
생사의 물결은 불기만 하네。

衆중生생愛애經경裏리
猶유兎토在재於어置모
爲위結결使사所소經전
數삭數삭受수苦고惱뇌

三七三

중생들 애욕에 얽힌 모습이
장에 갇힌 토끼와 같구나
번뇌와 애욕에 갇히고 묶이어
수없이 받는 고뇌 세세에 이어가네。

A creature's pleasure are extravagant and luxurious; sunk in lust and looking for pleasure, men undergo (again and again) birth and decay.

Men, driven on by thirst, run about like a snared hare; held in fetters and bonds, they undergo pain for a long time, again and again.

若약能능滅멸彼피愛애
三삼有유無무復부愛애
比비丘구已이離이愛애
寂적滅멸歸귀泥이洹원

非비園원脫탈於어園원
脫탈園원復부就취園원
當당復부觀관此차人인
脫탈縛박復부就취縛박

三七四

애욕을 능히 없앨 수 있다면
생사의 그 번뇌가 다시 덮지 못하리라
비구가 만일 사랑을 여의면
해탈의 그 경지에 돌아가리라。

三七五

세속을 떠나 수도 하려 가고
수도를 떠나 다시 속세로 돌아가면
이 사람을 보라 이런 사람은
속박을 벗어났다 다시 속박되었네。

Men, driven on by thirst, run about like a snared hare; let therefore the mendicant drive out thirst, by striving after passionlessness for himself.

He who having got rid of the forest (of lust) (i.e., after having reached Nirvāṇa) gives himself over to forest-life (i.e., to lust), and who, when removed from the forest (i.e., from lust), runs to the forest (i.e., to lust), look at that man! though free, he runs into bondage.

옛날 부처님께서 사위국에서 대중을 위해 설법하실때, 성 안에 있는 어떤 바라문의 장자가 무수한 재물이 있었지만, 인색하고 탐욕이 많아 식사때에는 항상 문을 닫고 누가 오는 것을 꺼리었다. 밥을 먹을 때에는 문을 굳게 닫고 어떤 사람도 함부로 문 안에 들어오지 못하게 하였고, 사문이나 바라문도 그를 만나볼 수 없었다.

어느날 살찐 닭을 잡고 음식을 상에 차려 문지기에 명령하여 문을 잠그고 아이들 가운데 앉히고 부부가 함께 그것을 먹었다.

부처님은 장자가 전생의 복이 있어 제도할 수 있다고 생각하시고 한 사문으로 화(化)하여, 먹는 자리를 살펴보고 그들이 앉은 자리 앞에 나타나 축원하시고 말씀하셨다.

『내게 조금 보시하면 큰 부자가 되리라.』

『사문으로 부끄러움이 없도다. 가족끼리 음식을 먹는데 왜 이리 당돌한 짓을 하는가.』

『그대야 말로 어리석어 부끄러움을 모른다.』

『나는 우리 가족끼리 즐기고 있는데 왜 부끄럽겠는가.』

『그대는 아버지를 죽이고 어머니를 아내로 삼아 원수를 공양하면서도 부끄러울 줄을 모르고 도리어 걸식하는 사람을 보고 말하는구나.』 그리하여 사문은 다시 게송으로 말씀하셨다.

장자는 게송을 듣고 깜짝 놀라며 물었다.

『도인은 왜 그런 말을 하십니까』 사문은 대답하였다.

『그 상 위의 닭은 바로 전생의 그대 아버지인데 항상 인색하고 탐했기 때문에 늘 닭으로 태어나 그대에게 먹히었다. 그 나찰은 五백 세상을 지낸 뒤 그대 아들로 태어났는데 그대의 남은 죄가 아직 끝나지 않아 지금 와서 그대를 해치며 하는 것이다. 그리고 지금의 아내는 바로 전생의 너의 어머니인데 은정과 애욕이 깊고 단단하였기 때문에 지금 돌아와 네 아내가 된 것이다. 지금 그대는 어리석어 전생 일을 모르고, 아버지를 죽여 원수를 기르고 어머니를 아내로 삼아, 다섯 길에서 나고 죽으면서 끝없이 헤매는 것이다. 오직 이 도사만이 그런 것을 알 수 있고, 너는 어리석어 알지 못하니 어찌 부끄럽지 않겠는가.』

이에 장자는 두려워하여 갑자기 온 몸을 털고 일어났다. 부처님은 위신력(威神力)의 힘으로 그로 하여금 전생 일을 알게 하셨다.

장자는 부처님께 참회하고 감사하면서 다섯가지 계율을 받았다. 부처님은 그를 위해 설법하시니 그는 수다원과(須陀洹果)를 얻었다.

雖獄有鉤鏁
慧人不爲牢
愚見妻子息
染着愛甚牢

三七六

사슬과 갈구리의 감옥 있어도
슬기로운 사람은 얽히지 않네
아내와 자식에게 집착을 하면
그것은 감옥보다 더 무섭다네。

慧說愛爲獄
深固難得出
是故當斷棄
不視欲能安

三七七

벗어나기 어려운 깊은 감옥을
애욕에 겨누어 말을 하나니
그러므로 이것을 끊어 없애어
길이 편한 그 낙을 받게 하여라。

Wise people do not call that a strong fetter which is made of iron, wood or hemp; far stronger is the care for precious stones and rings, for sons and a wife.

That fetter wise people call strong which drags down, yields, but is difficult to undo; after having cut this at last, people leave the world, free from cares, and leaving desire and pleasures behind.

옛날 부처님께서 사위국의 기다원에서 설법하고 계셨다. 그때 어떤 젊은 비구가 걸식하다가 아주 아름다운 젊은 여자를 보았다. 마음에 색욕이 생기고 거기에 홀려, 앓아 드디어 병이 되었고 음식도 못먹고 바싹 마른채로 누워 일어나지 못했다. 같이 공부하는 도인이 그에게 가서 물었다. 그 젊은 비구는 자신의 마음을 자세히 말하였다.

『도 닦기를 그만두고 저 애욕을 따르고 싶구나. 소원을 이루지 못해 병이 되었다.』

그 친구가 억지로 부처님께 데리고 가서 그 사정을 자세히 사뢰었다. 부처님은 젊은 비구에게 말씀하셨다.

『괴로와 할 것 없다. 내가 너를 위해 그 원을 풀어 주리니 일어나 밥이나 먹어라.』

비구는 이 말씀을 듣자 가슴이 트이고 맺힌 기운이 이내 풀렸다.

이에 부처님은 비구와 대중들을 데리고 사위성 안으로 들어가 아름다운 여자의 집으로 가셨다. 아름다운 여자는 이미 죽은지 사흘이나 되었다. 그러나 집안은 온통 비탄에 빠져 시체를 차마 묻지 못하였다. 시체의 온 몸은 부어 터져 더러운 물건들이 흘러나왔다. 부처님은 그 비구에게 말씀하셨다.

『네가 탐하고 흘린 아름다운 여자는 이렇게 되었다. 만물은 덧없어 호흡 사이에 있다. 어리석은 자가 겉만 보고 속에 있는 나쁜 것은 보지 못하며, 죄의 그물에 쌓여 그것을 즐거움이라 하느니라.』

부처님은 다시 게송으로 말씀하셨다.

젊은 비구는 그것을 보고 또 부처님의 맑은 교훈의 게송을 듣고、슬퍼하면서 마음이 열려 머리를 조아리며 허물을 뉘우쳤다。
부처님은 다시 그의 귀의를 받아 주시고 기원정사로 데리고 가셨다。그는 목숨을 마칠 때까지 부지런히 정진하여 아라한의 도를 얻었다。

以이 淫음 樂락 自자 裏리
譬비 如여 蠶잠 作작 繭견
智지 者자 能능 斷단 棄기
不불 盻혜 除제 衆중 苦고

三七八

음행의 즐거움으로 몸을 싸는 것
누에가 스스로 꼬치를 지음 같으니
지혜로운 이 이것을 끊어 없애고
눈주어 보지 않고 고통 없애네。

Those who are slaves to passions, run down with the stream (of desires) as a spider runs down the web which he has made himself; when they have cut this at last, wise people leave the world, free from cares, leaving all affection behind.

三七九

捨_사前_전捨_사後_후
捨_사間_간越_월有_유
一_일切_체盡_진捨_사
不_불受_수生_생死_사

앞도 버려라 뒤도 버려라
그 사이 몸 생각도 버려라
이렇게 온갖 것 다 버리고 나면
나고 죽는 괴로움 받지 않는다.

三八〇

心_심念_념放_방逸_일者_자
見_견淫_음以_이爲_위淨_정
恩_은愛_애意_의盛_성增_증
從_종是_시造_조獄_옥牢_뇌

마음에 방일을 생각하는 사람
음행을 보고 깨끗하다 생각하네
애정의 욕망이 날로 왕성해
스스로 제 감옥을 제가 만드네.

Give up what is before, give up what is behind, give up what is in the middle, when thou goest to the other shore of existence; if thy mind is altogether free, thou wilt not again enter into birth and decay.

If a man is tossed about by doubts, full of strong passions, and yearning only for what is delightful, his thirst will grow more and more, and he will indeed make his fetters strong.

覺意滅淫者
常念欲不淨
從是出邪獄
能斷老死患

이 뜻을 깨달아 음욕을 없애려면
음욕이 부정한 줄 깊이깊이 생각한다
이것이 삿된 감옥 뛰어나는 길
생사의 큰 근심 능히 쉬리라.

三八二

無欲無有畏
恬淡無憂患
欲除使結解
是爲長出淵

애욕을 떠나면 두려움 없고
상쾌하여 걱정근심 없어진다네
번뇌의 속박에 끌려 벗어나
생사의 깊은 바다 길이 떠나리.

If a man delights in quieting doubts, and, always reflecting, dwells on what is not delightful (the impurity of the body, &c.), he certainly will remove, nay, he will cut the fetter of Māra.

He who has reached the consummation, who does not tremble, who is without thirst and without sin, he has broken all the thorns of life: this will be his last body.

애욕품

盡_진道_도除_제獄_옥縛_박
一_일切_체此_차彼_피解_해
己_이得_득度_도邊_변行_행
是_시爲_위大_대智_지士_사

若_약覺_각一_일切_체法_법
能_능不_불著_착諸_제法_법
一_일切_체愛_애意_의解_해
是_시爲_위通_통聖_성意_의

三八三

도를 닦아 얽힘을 벗고
온갖 집착 다 풀어버리면
생사의 깊은 구렁이에 건너간 사람
이 사람 그야말로 지혜의 선비라네。

三八四

온갖 법의 참 뜻을 만일 깨달아
모든 것에 집착이 없어지며는
애욕이 다해지고 해탈을 얻은 사람
그는 벌써 거룩한 성자라 하네。

He who is without thirst and without affection, who understands the words and their interpretation, who knows the order of letters (those which are before and which are after), he has received his last body, he is called the great sage, the great man.

"I have coqured all, I know all, in all conditions of life I am free from taint; I have left all, and through the destruction of thirst I am free; having learnt myself, whom shall I teach?"

衆施經施勝
衆味道味勝
衆樂法樂勝
愛盡勝衆苦

三八五

보시중에 경 보시가 제일 가는 것

맛 가운데 도의 맛이 제일인 것이며

즐거움 그 가운데 법의 낙이 제일이니

애욕이 없어질 때 괴로움이 없어진다.

옛날 부처님께서 사위국의 기원정사에서 설법하고 계셨다. 그때 재물이 수없이 많은 장자가 나이 十二, 三세 되는 아들 하나만을 남겨 둔채 부모가 목숨을 마쳤다. 그 아이는 아직 나이 어리므로 몇해 동안 재물을 모두 흩어 버리고 오랫동안 구걸하였다. 재물이 많은 그 아버지의 친한 친구가 아는 낯, 이 거지 아이를 보고 매우 가엾이 여겨 데려다 살림을 살렸다. 말을 주어 아내로 삼게 하고 종과 수레·수없는 세간과 재물을 주었다.

그러나 그는 사람 됨이 게으르고 아무 계획이 없어 재산을 다 흩어 버리고 곤궁해 갔다. 장자는 여러 번 살림을 차려 주었으나 끝내 성취하기 어려우리라 생각하고, 장자는 말을 다른 사람에게 주려고 의논하였다. 여자는 엿듣고 남편에게 말하였다. 남편은 이

The gift of the law exceeds all gifts; the sweetness of the law exceeds all sweetness; the delight in the law exceeds all delight; the extinction of thirst overcome all pain.

말을 듣고 부끄러워 하며 가만히 생각하였다.

『나는 박복하여 또 아내를 빼앗기고 옛날처럼 거지가 되겠구나. 그러나 이미 정이 들었는데 이별할 수 있겠는가。』 모진 마음을 먹고 칼로 아내를 찌르고 제 몸도 찔러 부부가 한꺼번에 죽었다. 장자는 날로 괴로워 하다가 가족을 데리고 부처님께 나아가 예배하고 한쪽에 물러나 앉았다.

부처님은 장자에게 말씀하셨다.

『탐욕과 분노는 세상의 병이요. 어리석음과 무지는 근심으로 들어가는 문이다。』 이것으로 말미암아 수없는 겁 동안 생사에 헤매면서 갖가지 괴로움을 받는다。』

부처님은 다시 게송으로 말씀하셨다.

三八六

愚_우以_이貪_탐自_자縛_박	우치한 사람은 탐욕에 몸이 묶여
不_불求_구度_도彼_피岸_안	저 언덕 건너갈 길 아득하여라
爲_위貪_탐愛_애欲_욕故_고	탐애의 욕망에 끄달리다가
害_해人_인亦_역自_자害_해	남을 해치고 나도 해치네。

Pleasures destroy the foolish, if they look not for the other shore; the foolish by his thirst for pleasures destroys himself, as if he were his own enemy.

愛애욕意의爲위田전
淫음欲욕痴치爲위種종
故고施시度세者자
得득福복無무有유量량

三八七

애욕의 뜻은 밭이되고
음란한 마음은 종자가 되네
거룩한 성자에게 보시(布施)행하면
그 얻는 복이 한이 없어라。

愛애욕意의爲위田전
欲욕欲욕痴치爲위種종
姪음欲욕痴치爲위種종
故고施시度세者자
得득福복無무有유晝량

三八八

애욕의 뜻은 번뇌의 밭이며
탐내는 마음은 종자가 되네
거룩한 성자에게 보시(布施)행하면
그 얻는 복이 한이 없도다。

The fields are damaged by weeds, mankind is damaged by passion : therefore a gift bestowed on the passionless brings great reward.

The fields are damaged by weeds, mankind is damaged by hatred; therefore a gift bestowed on those who do not hate brings great reward.

애욕품

愛欲意爲田
婬怒痴爲種
故施度世者
得福無有量

三八九

애욕의 뜻은 고뇌의 밭이며
성내는 마음은 종자가 되네
거룩한 성자에게 보시(布施)행하면
그 얻는 복이 한이 없도다.

愛欲意爲田
婬怒痴爲種
故施度世者
得福無有量

三九〇

애욕의 뜻은 고뇌의 밭이며
어리석은 마음은 종자가 되네
거룩한 성자에게 보시(布施)행하면
그 얻는 복이 한이 없도다.

The fields are damaged by weeds, mankind is damaged by vanity: therefore a gift bestowed on those who are free from vanity brings great reward.

The fields are damaged by weeds, mankind is damaged by lust: therefore a gift bestowed on those who are face from lust brings great reward.

二十八、 사문품 (沙門品)

부처님께서 말씀하셨다.
『아득히 먼 옛날에 다섯가지 신통을 통달한 정진력(請進力)이라는 비구가 있었다。
어느날 그는 산 속의 나무 밑에 앉아 고요히 선정(禪定)을 닦고 있었다。그때 마침 네 마리의 새 짐승이 그 곁에 살고 있으면서 비둘기와 까마귀·독사와 사슴의 네 짐승이었다。어느날 이 네 마리의 짐승은 서로 물으며 이 세상에서 제일 괴롭고 무서운 것이 무엇이냐는 화제를 놓고 이야기하고 있었다。먼저 까마귀가 말했다。

「배고프고 목 마른 것이 가장 괴롭다。배고프고 목마르면 몸이 피로하고 눈이 어두워지며 정신이 어지러워 몸을 죽이는 것이 그 때문이다。」비둘기가 말했다。

「음욕이 가장 피롭다。색욕이 일어나면 아무것도 돌아보지 않게 되어 잡혀서 목숨을 잃게도 된다。」독사가 말했다。「나는 성내는 것이 가장 두렵다。독한 마음이 일어나면 남을 죽이기도 하고 나를 죽게도 한다。」사슴이 또 말했다。「놀라움과 두려움이 가장 괴롭다。나는 숲속에서 놀다가도 어디서고 이상한 소리가 나면 사냥꾼이나 늑대·아닌가 여겨 정신없이 내달리게 되는데 그러다는 구덩이에 빠지기도 하고 언덕에 떨어져 죽으며 새끼와 헤어져 슬퍼하게도 된다.』

그 비구는 이 말을 듣고 있다가 그들에게 말했다. 『너희들의 말은 모두 다 끝으머리의 한 가닥만을 붙들어 말한 것 밖에 안되고 그 근본은 모르는 말이다. 천하의 괴로움은 이 몸뚱이보다 더한 것은 없다. 이 몸은 괴로움을 담고 있는 그릇으로서 근심과 두려움이 한량 없다. 그래서 나는 속세를 버리고 공부하여 몸을 탐하지 않고 오직 열반에 뜻을 두는 것이다.』라고 네 마리 짐승들도 그 말을 듣고 마음이 열리었느니라. 비구들이여, 그 다섯가지 신통을 가진 비구는 바로 나요 네 마리 짐승은 바로 지금의 너희들이니라.』

三九一

端목이비구 目耳鼻口	눈과·귀를 단정히 하고
身의상수정 意常守正	몸과 뜻 항상 바로 가지어
比비구행여시 丘行如是	비구가 만일 이렇게 행하면
可가이면중고 以免衆苦	뭇 고통 벗어나리라.

Restraint in the eye is good, good is restraint in the ear, in the nose restraint is good, good is restraint in the tongue.

端목目이耳이鼻비口구
身신意의常상守수正정
比비丘구行행如여是시
可가以이免면衆중苦고

節절言언愼신所소行행
手수足족莫막妄망犯범
常상內내樂락定정意의
守수一일行행寂적然연

三九二

코를 단정히 입을 단정히
몸과 뜻을 항상 바르게 하여
비구가 만일 이렇게 행하면
그는 이로써 모든 고통 면할 것이다.

三九三

손과 발 억제하여 죄 짓지 말고
말과 행동을 조심하여서.
정을 닦아 항상 머물면
한 마음 바로 지켜 고요하리라.

In the body restraint is good, good is restraint in speech, in thought restraint is good, good is restrant in all things. A Bhikshu, restrained in all things, is freed from all pain.

He who controls his hand, he who controls his feet, he who controls his speech, he who is well controlled, he who delights inwardly, who is collected, who is solitary and content, him they call Bhikshu.

사문품

學當守口　학당수구
寡言安徐　과언안서
法義爲定　법의위정
言必柔軟　언필유연

三九四

입 지키기 항상 배우고
말이 적어 행동 무거우면
법다운 도리가 그 속에 있어서
그 말은 부드럽고 착할 것이다.

樂法欲法　낙법욕법
思惟安法　사유안법
比丘依法　비구의법
正而不費　정이불비

三九五

법을 즐기고 행하려 하면
법에 머물고 항상 편안하여라
비구가 언제나 법따라 의지할 때
도는 바르고 헛되지 않으리.

The Bhikshu who controls his mouth, who speaks wisely and clamly, who teaches the meaning and the law, his word is sweet.

He who dwells in the law, delights in the law, meditates on the law, follows the law, that Bhikshu will never fall away from the true law.

學무求구利리
無무愛애他타行행
無무求구他타
不부得득定정意의
比비丘구好호他타
比비丘구少소取취
以이得득無무積적
天천人인所소譽예
生생淨정無무穢예

三九六

이익을 구하는 것 배우지 말고
실없는 잡된 행을 부러워 말라
비구가 함부로 잡된 일 즐기면
진리의 안정을 얻지 못하리。

三九七

비구는 언제나 욕심이 적어
모든 것 많이 쌓아두지 않으면
하늘도 그 사람 칭찬하리
그 생활 참으로 때문지 않으네。

Let him not despise what he has received, nor ever envy others: a mendicant who envies others does not obtain peace of mind.

A Bhikshu who, though is receives little, does not despise what he has received, even the gods will praise him, if his life is pure, and if he is not slothful.

一일切체名명色색
非비有유莫막惑혹
不불近근不불憂우
乃내爲위比비丘구

三九八

온갖 것 헛되어 참이 아니니
조금도 허덕이어 흘리지 말라
가까이 하지 않고 근심하지 않으면
이것이 참으로 비구라 하리.

比비丘구爲위慈자
愛애敬경佛불敎교
深심入입止지觀관
滅멸行행乃내安안

三九九

비구는 자비를 닦고
부처님 가르침 언제나 공경하여
밝은 슬기로 진리를 관찰하면
고통이 끊어지고 편안하리라.

He who never identifies himself with name and form, and does not grieve over what is no more, he indeed is called a Bhikshu.

The Bhikshu who acts with kindness, who is calm in the doctrine of Buddha, will reach the quiet place (Nirvāṇa), cessation of natural desires, and happiness.

옛날 부처님께서 사위국의 기원정사에서 설법하고 계셨다. 그때 어떤 젊은 비구가 이른 아침 바리를 가지고 큰 마을에 들어가 걸식하고 있었다.

그때 큰 길가에 관청의 채소 밭이 있었는데 그 둘레에는 김장을 심었고 바깥 풀속에는 화살을 그물처럼 죽 벌려 놓았다. 만일 벌레나 짐승이나 도적이 와서, 화살 그물에 부딪치면 그들은 화살에 맞아 죽게 되어 있었다.

그리고 젊은 여자가 혼자서 그 동산을 지키고 있어서 길을 가는 사람은 멀리서 그 여자를 불러 길을 물어 동산으로 들어 가고 길을 모르는 사람은 반드시 그 화살에 맞아 죽게 되어 있었다.

그리고 또 그 여자는 슬픈 노래를 불러 듣는 사람은 모두 그 근처를 빙빙 돌고 앉아서 그 소리를 듣고 있었다. 그때 그 비구도 결식하고 돌아오다가 노래 소리를 듣고는 다섯 감관이 풀리고 마음이 흘리어 어지러워 집착하는 마음을 버리지 못하였다. 그리고는 「저 여자는 반드시 아름다우리라」음탕한 마음이 생겨, 일어서서 바라보기도 하고 앉아서 중얼거리기도 하며 빙빙 돌다가 거기서 떠났다.

길을 반쯤 가기도 전에 그만 마음이 황홀하여지면서, 손에 든 지팡이가 떨어지고 어깨에서는 가사가 벗겨졌으나 전연 그것을 깨닫지 못하였다.

부처님은 세가지 신통으로 그 비구가 앞으로 조금 더 가다가는 화살에 맞아 죽을 것을 그를 가엾이 여겨 구제하시려고, 어떤 속인으로 화(化)하여 그 곁으로 가서 게송으로 그를 꾸짖었었다.

부처님은 게송을 마치시고 곧 그 본 모습을 나타내셨다. 빛나는 상호의 광명은 온 천지를 두루 비추었다.

비구는 부처님을 뵈옵자 마음이 탁 열리어, 마치 어두운 곳에서 광명을 보는 것과 같았다. 온 몸을 땅에 던져 부처님께 예배한 뒤 머리를 두드리며 허물을 뉘우치고 사죄하였다. 그리하여 마음으로 지관(止觀)을 닦아 아라한이 된 뒤 부처님을 따라 절로 돌아갔다.

四〇〇

犀호 船선 所소 取취

中중 虛허 則즉 輕경

除제 淫음 怒노 痴치

是시 爲위 泥이 洹원

비구여 배의 물을 빨리 퍼내라
물 없으면 가볍게 배는 가나니
음욕·성냄·어리석음 없으면
열반에 가는 것도 또한 빠르리.

O. Bhikshu, empty this boat! if emptied, it will go quickly; having cut off passion and hatred, thou wilt go to Nirvana.

捨사五오斷단五오
思사惟유五오根근
能능分분別별五오
乃내渡도河하淵연

禪선無무放방逸일
莫막爲위欲욕亂란
不불呑탄鎔용銅동
自자惱뇌燋초形형

四〇一

다섯가지 버리고 다섯을 끊어
다섯가지 뿌리를 또 생각하라
다섯가지 집착을 버리고 보면
생사의 깊은 강을 건너게 되리。

四〇二

선정에는 방일이 없다
탐욕에 물들지 말라
끓는 쇠물 마시지 말고
몸이 타는 고통 겪지를 말라。

Cut off the five (senses), leave the five, rise above the five. A Bhikshu, who has escaped from the five fetters, he is called Oghatiṇṇa, "Saved from the flood."

Meditate, O Bhikshu, and be not headless! Do not direct thy thought to what gives pleasure, that thou mayest not for thy heedlessness have to swallow the iron ball (in hell), and that thou mayest not cry out when burning, "This is pain,"

無선不불禪선
無무智지不불禪선
無무智지不불智지
道도從종禪선智지
得득至지泥이洹원

四〇三

선이 없으면 지혜도 없고
지혜 없으면 선도 없나니
선과 지혜 갖추는 사람
그는 이미 열반에 가까워지리。

當당學학入입空공
靜정居거止지意의
樂낙獨독屛병處처
一일心심觀관法법

四〇四

공한 이치 항상 깨치고
고요히 머물러 번뇌를 쉬라
그윽한 곳에 홀로 있으며
한 맘으로 진리를 관찰하여라。

Without knowledge there is no meditation, without meditation there is no knowledge: he who has knowledge and meditation is near unto Nirvāṇa.

A Bhikshu who has entered his empty house, and whose mind is tranquil, feels a more than human delight when he sees the law clearly,

當당制제五오陰음
伏복意의如여水수
淸청淨정和화悅열
爲위甘감露로味미

四○五

언제나 오음으로 억제 하기를
물처럼 그 마음 깨끗이 하라
맑고 부드러움 항상 즐거워
아침의 단 이슬 그와 같아라.

戒계律율悉실持지
攝섭根근知지足족
爲위慧혜比비丘구
不불受수所소有유

四○六

남의 물건 탐내지 않으면
이 사람 지혜로운 비구이거니
육근을 단속하여 족할줄 알고
계율을 모두 다 가져 행하라.

As soon as he has considered the origin and destruction of the elements (Khandha) of the body, he finds happiness and joy which belong to those who know the immortal (Nirvāṇa).

And this is the beginning here for a wise Bhikshu: watchfulness over the senses, contentedness, restraint under the law; keep noble friends whose life is pure, and who are not slothful,

사문품

生^생當^당行^행淨^정
求^구善^선師^사友^우
知^지者^자成^성人^인
度^도苦^고致^치意^의

四〇七

한 평생 그 행동 깨끗이 하고
어진 스승 착한 벗을 섬겨라
이렇게 갈고 닦아 얻어진 지혜
괴로움을 벗어나 뜻을 이루리。

如^여衛^위師^사華^화
熟^숙知^지自^자墮^타
釋^석淫^음怒^노痴^치
生^생死^사自^자解^해

四〇八

저 위화사(衛華師) 풀잎이
익으면 스스로 떨어지듯이
음욕과 성냄과 어리석음 녹으면
생사가 스스로 떨어지리라。

Let him live in charity, let him be perfect in his duties; then in the fullness of delight he will make an end of suffering.

As the Vassikā-plant sheds its withered flowers, men should shed passion and hatred, O ye Bhikshus!

止지身신止지言언
心심守수玄현默묵
比비丘구棄기世세
是시爲위受수寂적

當당自자勅칙身신
內내與여心심爭쟁
護호身신念념諦제
比비丘구惟유安안

四〇九

몸도 쉬고 말도 그치어
마음을 고요히 그윽히 하라
비구가 세상일 다 버리면
진리의 고요한 속 들어가리라.

四一〇

내 몸 내가 경계하고
안으로 나쁜생각 싸워 이겨서
몸을 보호하고 진리를 생각하면
이런 비구는 언제나 즐겁고 편안하리.

The Bhikshu whose body and tongue and mind are quieted, who is collected, and has rejected the baits of the world, he is called quiet.

Rouse thyself by thyself, examine thyself by thyself, thus self-protected and attentive wilt thou live happily, O Bhikshu!

喜희在재佛불教교
可가以이多다喜희
至지到도寂적寞막
行행滅멸永영安안

調조乃내爲위賢현
故고當당損손我아
計계無무有유我아
我아自자爲위我아

四一

내가 나란 생각 세웠지만
나는 없는 것이라 알아야 한다
그러므로 항상 나란 생각 없애면
필경은 어진사람 되고 마리라.

四二

부처님 가르침에 기쁨을 느끼면
그 기쁨 진실로 참된 기쁨이어니
진리의 고요함에 이르게 되면
현상이 길이쉬어 편안하리라.

For self is the lord of self, self is the refuge of self, therefore curb thyself as the merchant curbs a good horse.

The Bhikshu, full of delight, who is calm in the doctrine of Buddha will reach the quiet place (Nirvāṇa), cessation of natural desires and happiness

四二三、

儻_당有_유少_소行_행
應_응佛_불敎_교戒_계
此_차照_조世_세間_간
如_여日_일無_무曀_예

비록 조그만 수행이지만
부처님 가르침에 어김 없으면
세상을 밝게 하는 불빛이어니
햇빛이 이 누리를 쪼이는 것처럼.

[주석] 선정(禪定)……선은 범어 선나의 준말, 정은 한문으로 번역한 말, 마음을 한 곳에 모아 고요한 경지에 드는 일.

오음(五陰)……정신과 물질을 다섯가지로 분류한 색(色)・수(受)・상(想)・행(行)・식(識)을 말함. 이 가운데 색은 물질, 수상행정식은 정신을 뜻한 것.

He who, even as a young Bhikshu, applies himself to the doctrine of Buddha, brightens up this world, like the moon when free from clouds.

二十九, 범지품(梵志品)

옛날 사하천국에 사후차타라는 큰 산이 있었는데, 그 산에서 五백 명의 범지가 살고 있었고 그들은 모두 도를 얻었다. 그들은 자기네가 얻은 것이 열반인 줄 알고 있었고, 부처님이 처음 세상에 오셔서 감로의 법문을 하셨을 때도 그래서 나아가지 않았다.

부처님은 나무 밑에 앉아 삼매에 드시어, 몸의 광명을 놓아 두루 비추셨다. 범지들은 길을 따라 산에서 내려와 나무 밑에 앉아 선정에 드신 부처님을 바라보았다. 마치 해가 황금산 곁에서 뜨는 것 같았고 그 광명 상호는 별 가운데의 달과 같았다. 그들은 『저것은 어떤 신(神)인가.』고 괴상히 여겨 나아가 보았다. 부처님은 앉으라 하시고 물으셨다.

『어디서 오는가.』 그들은 대답하였다.

『오래 전부터 이 산에서 도를 닦았었읍니다.』라고 스승과 제자들은 서로 돌아보며 말하였다.

『이것은 어떤 도사인가. 도에 九十六종이 있다고 하지만 아직 이런 스승은 없었다.

일찍 들으니 정반왕(淨飯王)의 아들 실달타가 왕위를 즐겨하지 않고 집을 떠나 부처가 되려 한다더니, 과연 이이가 아닌가。" 그들은 부처님께 사뢰었다.

"범지의 경법(經法)에 네 가지 법이 있읍니다. 즉 천문과 지리와 왕으로서 나라를 다스리고 백성들을 거느리는 법과 또 九十六종의 행법이 있읍니다. 이 법이 과연 열반의 법이옵니까. 원컨대 부처님은 그것을 해설하시어 우리들이 아직 듣지 못한 것을 가르쳐 주소서。" 부처님은 말씀하셨다.

"잘 듣고 잘 생각하라。 나는 전생에 수없는 겁 동안 항상 이 법을 익혀 다섯 가지 신통을 얻어 그 뒤로 다시 셀 수 없이 나고 죽고 하는 동안에 열반을 얻지도 못하였고 또 도를 얻을 사람이 있다는 말도 듣지 못하였다。 그러므로 너희들의 수행과 같은 것은 참다운 범지의 행이라 할 수 없느니라。"

이에 부처님은 다시 게송으로 대답하셨다.

351 범지품

截流而渡
無欲如梵
知行已盡
是謂梵志

四一四

애욕의 물결 질러 건너고
욕심떠나 하늘같아라
이 세상 모든 것 없는 줄 알면
이를 일러 범지(梵志=수행하는 이)라 하네.

以無二法
清淨渡淵
諸欲結解
是謂梵志

四一五

둘 아닌 참된 법을 깊이 알아서
생사의 바다 건너간 거룩한 모습이여
온갖 속박 풀어 벗은 이
그 이름 참다운 범지라 하네.

Stop the stream valiantly, drive away the desires, O Brāhmaṇa! When you have understood the destruction of all that was made, you will understand that which was not made.

If the Brāhmaṇa has reached the other shore in both laws (in restraint and contemplation), all bonds vanish from him who has obtained knowledge.

適피 彼피 捨사 是시
彼피 彼피 離이 謂위
無무 己이 貪탐 梵범
彼피 空공 淫음 志지

四一六

이쪽 저쪽 다 없는 거기
그것마저 없는 그 이치
탐심·음심·모두 버리면
그것을 참다운 범지라 하네.

是시 上상 所소 思사
謂위 求구 行행 惟유
梵범 不불 不불 無무
志지 起기 漏루 垢구

四一七

마음에 때 없기를 언제나 생각하고
일마다 번뇌에 젖지 않으며
더 구할 것 없는 자리 거기 이르면
이를 일러 범지라 하네.

He for whom there is neither this nor that shore, nor both, him, the fearless and unshackled, I call indeed a Brāhmaṇa.

He who is thoughtful, blameless, settled, dutiful, without passions, and who has attained the highest end, him I call indeed a Brāhmaṇa.

353 법지품

日照於晝
月照於夜
甲兵照照軍
禪照道人
佛出天下
照一切冥

四一八

해는 낮을 밝히고
달은 밤을 빛난다
무기는 군대를 빛내고
선정은 도인을 빛낸다
부처님 세상에 나와
온갖 어두움 모두 비추네.

出惡爲梵志
入正爲沙門

四一九

악에서 나온 이를 범지라 하고
바른 길 걷는 이를 사문이라 한다

The sun is bright by day, the moon shines by night, the warrior is bright in his armour, the Brāhmaṇa is bright in his meditation; but Buddha, the Awakened, is bright with splendor day and night.

Because a man is rid of evil, therefore he is called Brāhmaṇa; because he walks quietly, therefore he is called Samaṇa; because he has sent away his own impurities, therefore he is called Pravrajin (a pilgrim).

棄我衆穢行
是則爲捨家

기아중예행
시즉위사가

온갖 더러운 행 다 버렸기에
이를 일러 출가라 하네.

不捶梵志
不放梵志
咄捶梵志
放者亦咄

불추범지
불방범지
돌타범지
방자역돌

四二〇

수도인을 때리지 말며
수도인을 방해하지 말라
수도인을 어찌 때리며
수도인이 어찌 그를 갚으랴.

No one should attack a Brāhmaṇa, but no Brāhmaṇa (if attacked) should let himself fly at his aggressor! Woe to him who strikes a Brāhmaṇa, more woe to him who flies at his aggressor!

355 범지품

若약 於어 愛애
心심 無무 所소 着착
已이 捨사 已이 正정
是시 滅멸 衆중 苦고

四二一

애정에 빠지지 않으면
마음에 아주 집착도 없으리
그를 버리고 몸을 바루할 때
온갖 괴롬 이미 멸했네.

身신 口구 與여 意의
淨정 無무 過과 失실
能능 攝섭 三삼 行행
是시 謂위 梵범 志지

四二二

몸이나 입이나 그 뜻
깨끗하여 허물 없고
세 가지 행 모두 맑으면
그를 일러 범지라 하네.

After a man has once understood the law as taught by the Well-awakened (Buddha), let him worship it carefully, as the Brāhmaṇa worships the sacrificial fire.

A man does not become a Brāhmaṇa by his platted hair, by his family, or by both; in whom there is truth and righteousness, he is blessed, he is a Brāhmaṇa.

若약 心심 曉효 了요
佛불 所소 說설 法법
觀관 心심 自자 歸귀
淨정 於어 爲위 水수

四二三

부처님 말씀하신 그 법
마음으로 깨달아 환히 안다면
자세히 관찰하여 스스로 귀의하라
물보다 그는 더욱 깨끗하리라.

非비 族족 結결 髮발
名명 爲위 梵범 志지
誠성 行행 法법 行행
淸청 白백 則즉 賢현

四二四

머리를 한데 묶었다 하여
도 닦는 범지라 할 수 없구나
하는 행 진실하고 법 다우면서
깨끗하고 거룩해야 어진이니라.

It advantages a Brāhmaṇa not a little if he holes his mind back from the pleasures of life; when all wish to injure has vanished, pain will cease.

Him I call indeed a Brāhmaṇa who does not offend by body, word, or thought, and is controlled on these three points,

飾식髮발無무慧혜
草초衣의何하施시
內내不불離이著착
外외捨사何하益익

四二五

머리를 묶어도 지혜 없거나
풀 옷을 입었어도 행이 없으며
마음에 집착을 여의지 못했다면
겉 모양만 수도인 무엇에 쓰랴.

被피服복弊폐惡악
躬궁承승法법行행
閑한居거思사惟유
是시謂위梵범志지

四二六

몸에는 더러운 옷 입었더라도
법다운 행 몸소 행하고
한가하게 홀로 있어 생각 닦는 이
그것을 이름하여 범지라하네.

What is the use of platted hair, O fool! what of the raiment of goatskin? Within thee there is revening, but the outside thou makest clean.

The man who wears dirty raiments, who is emaciated and covered with veins, who lives alone in the forest, and meditates him I call indeed a Brāhmana,

我아 不불 說설 梵범 志지
託탁 父부 母모 生생 者자
彼피 多다 衆중 瑕하 穢예
滅멸 則즉 爲위 梵범 志지

不불 淫음 其기 志지
絕절 諸제 可가 欲욕

委위 棄기 欲욕 數수
是시 謂위 梵범 志지

四二七

좋은 집 좋은 부모 태어난 것이
훌륭한 범지(수도인)라고 생각지 말라
마음에 온갖 욕심 없어질 그 때
그것을 참다운 범지라 하네.

四二八

모든 욕심 모두 끊어져
그 뜻이 음탕치 않고
더러운 때를 버려 맑아진 사람
그를 일러 범지라 하네.

I do not call a man a Brāhmaṇa because of his origin or of his mother. He is indeed arrogant, and he is wealhy : but the poor, who is free from all attachments, him I call indeed a Brāhmaṇa.

Him I call indeed a Brāhmaṇa, who has cut all fetters, who never trembles, is independent and unshackled.

斷단生생死사河하
能능忍인超초度도
自자覺각出출塹잠
是시謂위梵범志지

四二九

생사의 더러운 강 끊어버리고
미혹의 그물을 뛰어 솟아나
스스로 깨달아 솟구친 사람
그를 일러 범지라 하네.

見견罵매見견擊격
嘿묵受수不불怒노
有유忍인耐내力력
是시謂위梵범志지

四三〇

꾸짖음 당하고 매를 맞아도
견디고 참아 성내지 말라
이렇게 참는 힘 갖은 그 사람
그를 일러 범지라 하네.

Him I call indeed a Brāhmaṇa, who has cut the strap and the thong, the chain with all that pertains to it, who has burst the bar, and is awakened.

Him I call indeed a Brāhmaṇa, who, though he has committed no offence, endures reproach, bonds,, and stripes, who has endurance for his force, and strength for his army.

若_약見_견侵_침欺_기
但_단念_념守_수戒_계
端_단身_신自_자調_조
是_시謂_위梵_범志_지

心_심棄_기惡_악法_법
如_여蛇_사脫_탈皮_피
不_불爲_위欲_욕汚_오
是_시謂_위梵_범志_지

四三一

침략이나 속임을 당했다 해도
다만 계를 생각하고 욕심이 없어
몸을 단정하고 잘 조절하는 사람
이것이 참다운 범지이니라.

四三二

뱀이 허물을 훌쩍 벗듯이
마음의 나쁜 생각 벗어 버려라
더러운 욕심 씻어낸 사람
참으로 수도하는 범지이니라.

Him I call indeed a Brāhmaṇa, who is free from anger, dutiful, virtuous, without appetites, who is subdued, and has received his last body.

Him I call indeed a Brāhmaṇa, who does not cling to pleasures, like water on a lotus leaf, like a mustard seed on the point of a needle.

四三三

覺각生생爲위苦고
從종是시滅멸意의
能능下하重중擔담
是시謂위梵범志지

삶이 고 인줄 깊이 깨달아
이로써 온갖 욕망 없애버리라
무거운 짐을 내려놓는 이
이것이 참이운 범지이니라.

四三四

解해微미妙묘慧혜
辯변道도不불道도
體체行행上상義의
是시謂위梵범志지

깊고 묘한 지혜를 알고
도 인지 아닌지 분별하여서
높은 법을 몸소 행하는 사람
이것이 참다운 범지이니라.

Him I call indeed a Brāhmaṇa, who, even here, knows the end of his suffering, has put down his burden, and is unshackled.

Him I call indeed a Brāhmaṇa, whose knowledge is deep, who possesses wisdom, who knows the right way and the wrong, who has attained the highest end.

棄기損연家가   棄기放방活활生생
無무家가之지畏외   無무賊적害해心심
少소求구寡과欲욕   無무所소嬈요惱뇌
是시謂위梵범志지   是시謂위梵범志지

四三五

살던 집을 훌쩍 버려도
집 없는 두려움 또한 없으며
구하는 욕심이 없는 그 사람
그것이 참다운 범지이니라。

四三六

세상의 살림살이 모두 버리고
남을 해치려는 마음 없아져
다시는 괴롬에 끌를지 않는
그를 일러 범지라하네。

Him I call indeed a Brāhmaṇa, who keeps aloof both from laymen and from mendicants, who frequents no houses and has but few desires.

Him I call indeed a Brāhmaṇa who finds no fault with other beings, whether feeble or strong, and does not kill nor cause slaughter.

避피爭쟁不불爭쟁
犯범而이不불慍온
惡악來래善선待대
是시謂위梵범志지

四三七

다툼을 피해 싸우지 않고
해치려해도 성내지 않으며
악을 만나도 선으로 갚는 사람
그를 일러 범지라하네.

去거淫음怒노痴치
驕교慢만諸제惡악
如여蛇사脫탈皮피
是시謂위梵범志지

四三八

음욕과 성냄과 우치를 꾸짖고
교만과 모든 악을 다 버려
뱀이 허물 벗듯 훌쩍 벗는 이
그를 일러 범지라하네.

Him I call indeed a Brāhmaṇa, who is tolerant with the intolerant, mild with fault-finders, and free from passion among the passionate.

Him I call indeed a Brāhmaṇa, from whom anger and hatred, pride and envy have dropt like a mustard seed from the point of a needle.

斷絕世事 단절세사
口無麤言 구무추언
入道審諦 입도심제
是謂梵志 시위범지

四三九

세상의 모든 일 끊어 버리고
입으로 거친말 하지 않으며
여덟가지 도 닦는 법 밝게 아는 이
그를 일러 범지라 하네.

所世惡法 소세악법
佾短巨細 일단거세
無取無捨 무취무사
是謂梵志 시위범지

四四〇

크고 작고 남고 모자라거나
길거나 짧거나 거칠거나 곱거나
취하지도 버리지도 않는 이
그를 일러 범지라 하네.

Him I call indeed a Brāhmaṇa, who utters true speech, instructive and free from harshness, so that he offend no one.

Him I call indeed a Brāhmaṇa, who takes nothing in the world that is not given him, be it long or short, small or large, good or bad.

부처님은 게송을 마치시고 다시 그 범지들에게 말씀하셨다.

『너희들은 그 행을 닦아 스스로 열반에 이르렀다. 하지만, 그것은 마치 웅달샘 물의 고기와 같거늘 어떻게 영원히 안락할 수 있겠는가. 근본이 없는 것을 모으는 것과 같느니라.』

범지들은 이 게송과 설법을 듣고 기뻐서 곧 사문이 되었다. 그리고 본래의 행이 청정하였기 때문에 이내 도를 얻어 아라한이 되었다.

옛날 부처님께서 사위성의 영추산에서 천二백 五十명의 여러 비구와 함께 계셨다. 그때 마갈다국의 아사세왕은 五백의 작은 나라를 거느리고 있었다. 가까이 있는 월지라는 나라가 이 왕의 명령에 따르지 않으므로 왕은 그 나라를 치려고 여러 신하들을 불러 의논하였다.

『월지국은 인민이 번성하고 풍족하고 화목하며 온갖 보물이 많이 나오는데 내게 복종하지 않는다. 군사를 일으켜 칠 수 있겠는가.』 그 나라의 어진 재상 우사가 대답하였다.

『네 할 수 있읍니다.』 왕은 우사에게 말하였다.

『여기서 멀지 않은 곳에 부처님이 계신다. 그는 거룩하며 명철하여 세 가지 밝은 지혜가 있어서 통달하지 못한 일이 없다. 그대는 내 이름으로 부처님께 가서 그대의 지혜로 모든 것을 자세히 물어 보라. 월지나라를 치려 하는데 과연 이길 수 있겠는가.』

우사는 분부를 받고 곧 부처님께 나아가 땅에 엎드려 발 아래 예배하였다.

부처님은 물으셨다.

『승상은 어디서 오는가.』

『국왕의 사신으로 왔나이다. 왕은 부처님 발 아래 머리를 조아리고 문안 드립니다.』

『국왕과 온 나라 백성들과 그 대신들도 다 평안한가.』

『국왕과 백성들은 모두 부처님의 은혜를 입고 있나이다.』

『국왕은 저 월지국을 치려 하나이다. 이길 수 있나이까.』

부처님은 말씀하셨다.

『저 월지국은 일곱 가지 법을 행하기 때문에 이길 수 없을 것이다. 왕은 깊이 생각하여 경솔히 움직이지 말게 하라.』

『그 일곱 가지란 어떤 것이옵니까.』

『월지국 사람들은 자주 바른 법을 강의하고 첫째 복을 닦으면서 잘 지킨다. 또 월지국 사람들은 임금과 신하가 서로 화목하여 왕의 잘못을 충고하며, 명령을 어기지 않는다. 이것이 둘째니라. 또 월지국 사람들은 법을 받들어 순종하지 않는 일이 없고 죄를 범하지 않으며 위 아래가 법을 따른다. 이것이 세째다. 또 월지국 사람들은 예의 있고 사양하며 삼가고 공경하며 남녀의 구별이 있고 어른과 아이는 차례가 있어서, 예절의 법을 잃지 않는다. 이것이 네째니라.

또 월지국 사람들은 부모를 효도하고 어른을 공경하며 훈계를 받고 가르치는 법이 있으니 이것이 다섯째다. 또 월지국 사람들은 하늘을 받들고 땅을 본받으며 사직(社稷)을 공경하고 두려워하며 농사를 부지런히 짓나니 이것이 여섯째다. 또 월지국 사람들은 도를 숭상하고 덕을 공경하여 어떤 사문이나 도 높은 아라한이나 멀리서 오는 사람이 있으면 옷과 침구와 의약을 공양한다. 이것이 일곱째니라.

대개 국왕이 되어 이런 일곱가지 법을 행하면 위태롭지 않을 것이니, 천하의 군사가 가서 치더라도 이길 수 없느니라.」

이에 부처님은 다시 게송으로 말씀하셨다. 왕은 부처님의 가르침을 따라 월지국의 공격을 단념하고 일곱가지 법으로 나라를 잘 다스렸으며 이에 월지국은 스스로 마갈다국 왕의 명령을 순종하게 되어 나라가 더욱 흥왕했다.

今世行淨 금세행정
後世無穢 후세무예

四四一

이승의 삶이 깨끗하면

내 생 또한 더럽지 않으리니

無習無捨
是謂梵志

그를 일러 범지라 하네.

익힘도 없고 버림도 없는 사람
그를 일러 범지라 하네.

棄身無猗
不誦異言
行甘露滅
是謂梵志

四四二

몸 던져 의지하지 말고
외도의 말 외우지 말고
감로의 진리 법 행하는
그를 일러 범지라 하네。

於罪與福
兩行永除

四四三

복이니 죄이니 모두 벗어나
그 어디에도 침착 없어라

Him I call indeed a Brāhmaṇa, who fosters no desires for this world or for the next, has no inclinations, and is unshackled.

Him I call indeed a Brāhmaṇa who has no interests, and when he has understood (the truth), does not say How, how? and who has reached the depth of the immortal.

Him I call indeed a Brāhmaṇa, who in this world is ab-

無憂無塵
是謂梵志

근심도 번뇌도 없는 사람
그를 일러 범지라 하네.

四四四

心喜無垢
如月盛滿
誘毀己除
是謂梵志

마음에 때 벗어져
보름달처럼 밝게 하고
비방도 시기도 다 없는 사람
그를 일러 범지라 하네.

四四五

見痴往來
墮塹受苦

욕심에 날뛰는 우치한 사람
함정에 빠져 고통 받는다

ove good and evil, above the bondage of both, free from grief, from sin, and from impurity.

Him I call indeed a Brāhmaṇa, who is bright like the moon, pure, serene, undisturbed, and in whom all gaiety is extinct.

Him I call indeed a Brāhmaṇa, who has traversed this mizy road, the impassable world and its vanity, who has

欲단渡도
單단渡도岸안
不불好호他타語어
唯유滅멸不불起기
是시謂위梵범志지

오직 한 마음 저 언덕 바라?
남의 말 듣지 말고 한 길을 가라
한 생각도 딴 다음 없는 그 사람
그를 일러 범지라 하네.

己이斷단恩사愛애
離이家간無무欲욕
愛애有유己이盡진
是시謂위梵범志지

四四六

은혜와 사랑을 모두 다 끊고
집을 떠나 욕심도 버렸어라
애정 또한 나머지 없는 그 사람
그를 일러 범지라 하네.

gone through, and reached the other shore, is thoughtful, guileless, free from doubts, free from attachment, and content.

Him I call indeed a Brāhmaṇa, who in this world, leaving all desires, travels about without a home, and in whom all concupiscence is extinct.

Him I call indeed a Brāhmaṇa, who, leaving all longings, travels about without a home, and in whom all covetousness is extinct.

離이 不불 諸제 是시
人인 墮타 聚취 謂위
聚취 天천 不불 梵범
處처 聚취 歸귀 志지

棄기 滅멸 健건 是시
樂락 無무 違위 謂위
無무 慍온 諸제 梵범
樂락 燸유 世세 志지

四四七

사람의 세계도 이미 여의고
하늘의 세계도 이미 여의고
온갖 세계를 뛰어난 그 사람
그를 일러 범지라 하네.

四四八

즐거움도 괴로움도 모두 버리고
불기운 끊어져 맑고 시원해
세상의 모든것 이기는 그 사람
그를 일러 범지라 하네.

Him I call indeed a Brāhmaṇa, who after leaving all bondage to men, has risen above all bondage to the gods, and is free from all and every bondage.

Him I call indeed a Brāhmaṇa, who has left what gives pleasure and what gives pain, who is cold, and free from all germs (of renewed life), the hero who has conquered all the worlds,

所소生생己이訖흘
死사無무所소趣취
覺각安안無무所소依의
是시謂위梵범志지

四四九

세상에 태어날 원인이 끊어지고
죽어서 갈곳이 이미 부서져
걸림 없는 깨달음 얻은 그 사람
그를 일러 범지라 하네.

己이度도五오道도
莫막知지所소墜타
習습盡진無무餘여
是시謂위梵범志지

四五〇

중생 세계 이미 끊었고
그가 간곳 안 수가 없어
업습(業習)이 다해 남음 없는 그 사람
그를 일러 범지라 하네.

Him I call indeed a Brāhmaṇa, who knows the destruction and the return of beings everywhere, who is free from bondage, welfaring (Sugata), and awakened (Buddha).

Him I call indeed a Brāhmaṇa whose path the gods do not know, nor spirits (Gandharvas), nor men, whose passions are extinct, and who is an Arhat (venerable).

于우前우於後
及급中중無무有유
無무操조無무捨사
是시謂위梵범志지

四五一

앞도 없고 뒤도 없고
중간 또한 없는 거기
잡을 것 버릴 것 모두 없는 그 사람
그를 일러 범지라 하네.

最최雄웅最최勇용
能능自자解해度도
覺각意의不부動동
是시謂위梵범志지

四五二

가장 영웅스럽고 가장 용맹해
자신을 깨달아 제도한 다음
깨달은 그 뜻이 흔들리지 않는
그를 일러 범지라 하네.

Him I call indeed a Brāhmaṇa, who calls nothing his own, whether it be before, behind, or between, who is poor, and free from the love of the world.

Him I call indeed a Brāhmaṇa, the manly, the noble, the hero, the great sage, the conqueror, the impassible, the accomplished, the awakened,

自知宿命_{자지숙명}
本所更來_{본소갱래}
得要生盡_{득요생진}
叡通道玄_{예통도현}
明如能默_{명여능묵}
是謂梵志_{시위범지}

四五三

전생 내생 모두 다 알고
생사의 괴로움이 끊어진 곳 그도 알아
다시는 업에 쌓여 태어나지 않는 법
지혜로 그윽한 도를 통하고
그 지혜 부처처럼 밝은 그 사람
그를 일러 범지라 하네.

Him I call indeed a Brāhmaṇa, who knows his former abodes, who sees heaven and hell, has reached the end of births, is perfect in knowledge, a ages, and whose perfections are all perfect,

佛說四十二章經

불설사십이장경

一、序

世尊成道已_{하시고} 作是思惟_{하시대} 離欲寂靜_이 是最爲勝_{이라하시고} 住大禪定_{하사} 降諸魔道_{하시고} 於鹿野苑中_에 轉四諦法輪_{하사} 度憍陳如等五人_{하사} 而證道果_{케하시니} 復有比丘、所說諸疑_를 求佛進止_{하면} 世尊敎敕_{하사} 一一開悟_{케하시니} 合掌敬喏_{하야} 而順尊敕_{하니라}

세존께서 도를 이루시고 나서 이렇게 생각하셨다. 『욕심을 여읜 절대의 고요(寂靜) 이것이 가장 위대한 것이라」고 그래서 대 선정(禪定)에 머물러 모든 악마를 항복받고 녹야원(鹿野苑) 가운데에서 네가지 진리(四諦)를 말씀하시어 교진여(憍陳如) 등 다섯 사람을 제도하여 도과(道果)를 증득하게 하셨다. 이어서 많은 비구(比丘)들이 자기들의 의심하는 바를 물어 오면 세존께서는 가르치고 이끌어 낱낱이 깨닫게 하시니, 그들은 모두 합장하고 공경하며 지극히 순종하

주석 ※세존(世尊) —— 세상에서 제일 높은 이란 뜻이니 석가세존(釋迦世尊) 또는 석존(釋尊)이라고도 한다. 부처님의 열가지 별호(別號)의 하나, 부처님은 공덕이 원만해서 세상을 이롭게 하고 또 세상의 존경을 받는 성인중의 성인이므로 지어진 이름.

※적정(寂靜) —— 생사시비(生死是非)의 상대세계를 초월하여 마음에 번뇌가 없고 몸에 괴로움이 없는 절대안정의 경지 곧 도(道) 를 이룬 해탈의 경지.

※선정(禪定) —— 마음을 고요히 하여 생각이 쉬고 산란하지 않게 함. 곧 마음을 한곳에 모아 고요한 절대 경지에 든 것, 정(定) · 정려(靜慮) · 기악(棄惡) · 사유수(思惟修) 라고도 함.

※악마(惡魔) —— 장애자(障礙者) · 살자(殺者) · 악자(惡者) 란 뜻. 사람의 마음과 몸을 어지럽게 괴롭히며, 착한 법을 부수고 악을 도와 도닦는 것을 방해하는 마귀.

※녹야원(鹿野苑) —— 현재 인도의 「베나레스」시(市)의 북쪽이라 함. 녹림(鹿林) · 녹원(鹿苑)이라고도 하며 부처님이 도를 이루시고 제일 먼저 설법하신 곳. 부처님이 출가할때 부왕의 명으로 태자를 보호할 임무를 가지고 따라다니던 아야교진여등 五인이 여기서 먼저 제도되었다.

※四제諦 —— 네가지의 진리이니, 고 · 집 · 멸 · 도(苦集滅度)의 四성제(聖諦)를 말함. 고제(苦諦)는 인생의 현실을 현상계에 끄달려 사는한 고(苦……괴로움)라는 진

제一장

리, 집제(集諦)는 고의 원인을 번뇌, 애욕(愛欲)이라는 진리, 멸제(滅諦)는 깨달음을 성취한 이상(理想)의 해탈열반(解脫涅槃) 경지, 도제(道諦)는 열반에 이르는 방법, 八정도(正道)의 수도법을 말한다.

※ 법륜(法輪) ― 진리의 수레바퀴라는 뜻이니 부처님의 가르침 불법이 세상에 전해지는 것을 수레의 구르는것에 비유하여 말한 것. 대승(大乘) 소승(小乘)하는 말도 다 수레를 전제로 이루어진 말.

※ 교진여등(憍陳如) ― 부처님의 아버지와 어머니의 친족들로 출가한 뒤 그 보호의 임무를 맡았던 五비구로서 아야 교진여·아습비·마하마남·바제·바파를 가르킴.

※ 비구(比丘) ― 걸사(乞士), 포마(怖魔), 파악(破惡), 근사남(近事男)의 뜻이 있음. 남자로서 속가를 떠나 걸식 하면서 수행하는 독신 생활자.

(출가하여 수행해서 깨닫는 네가지, 곧 소승불교(小乘佛敎)의 수다원(須陀洹)·사다함(斯陀含)·아나함(阿那含)·아라한(阿羅漢)의 네가지 도를 말하고 있다)

佛_불言_언하사대 辭親出家爲道를 _{사친출가위도} 名曰沙門_{명왈사문}이니 常行二百五十戒_{상행이백오십계}하고 爲四眞道_{위사진도}하사 行進_{행진}

志清정하면 成阿羅漢하리니 阿羅漢者는 能飛行變化하매 住壽命하고 動天地니라 次爲
阿那含이니 阿那含者는 壽終하고 靈魂이 上十九天하야 旋彼에 得阿羅漢이니라 次爲
斯陀含이니 斯陀含者는 一上一還하고 卽得阿羅漢이며 次爲須陀洹이니 須陀洹者는 七
死七生하야 便得阿羅漢이니 愛欲斷者는 譬如四肢斷이라 不服用之니라

부처님은 말씀하셨다.

『어버이를 하직하고 출가하여 현상의 차별법을 초월하여 마음 밖에 진리가
따로 있는 것이 아닌 절대의 무위법〈無爲法〉을 깨달아 닦는 것을 사문〈沙門〉
이라 이름하나니 항상 二백 五十계〈戒〉를 지키고 네가지 진리〈四諦〉를 이루
기 위해 정진하고 그 뜻이 청정하여야 아라한〈阿羅漢〉을 이루느니라. 아라한
은 능히 날아다니며 이리 저리 변화하고 마음대로 오래살며, 그가 머무는 곳
에는 천지가 모두 진동하는 것이다. 다음에 아나함〈阿那含〉에 대해서 말하면
아나함은 목숨을 마치고 영혼이 十九천〈天〉으로 올라가 아라한이 되는 것이며
다음으로 사다함〈斯陀含〉에 대해 말하면, 사다함은 한번 욕계〈欲界〉의 六천

(天)에 올라갔다가 한번 인간에 돌아와서 아라한이 되는 수다원(須陀洹)에 대해서 말하지만 수다원은 일곱번 죽었다가 일곱번 나서 아라한이 되는 것이다. 이렇게 애욕을 끊은 사람은 四肢(지)를 끊어 버리어 다시는 쓰지 않는 것과 같으니라.」

주석 ※무위법(無爲法)──구경의 진리, 상대적인 차별법을 초월하여 나고 멸하는 변화가 없는 절대경지의 진리, 열반(涅槃)·법성(法性)·실상(實相)이라고도 함.

※사문(沙門)──근식(勤息) 착한 일을 부지런히 닦아 악한 일을 그친다는 뜻, 가족과 세속의 명리를 버리고 출가하여 수도하고 공부하는 이.

※아라한(阿羅漢)──응공(應供)·살적(殺賊)·불생(不生)의 뜻이 있다. 소승에서 수행하는 마지막 지위의 성과(聖果).

※아나함(阿那含)──불환(不還)·불래(不來)라 번역하며, 이 세상에서 죽어 색계(色界)·무색계(無色界)하늘에 태어나 번뇌가 다 없어지므로 다시는 욕계(欲界)로 돌아오지 않는다는 뜻, 소승불교의 성현지위에 나아가는 셋째지위,

※십구천(十九天)──하늘나라에 욕계육천(欲界六天)·색계(色界)·십팔천(十八天), 무색계(無色界), 구천(九天)이 있는데, 십구천은 색계의 십삼천을 가르킴. 곧 인간계에

※사다함(斯陀含)──일래과(一來果)라 번역함. 곧 인간계에 한번 온다는 뜻. 소승율

불교의 성현이 되는 둘째 지위.

※수다원(須陀洹)──예류(預流)라 번역하니 곧 처음으로 번뇌가 없는 성인의 지위에 처음 들어갔다는 뜻, 따라서 다시는 三악도(惡道)에 떨어지지 않는 지위 소승불교에서 성인이 되는 첫째 지위.

제二장

(깨달음의 과위에는 네가지 차별이 있지만 상대계를 초월하여 절대의 무위법(無爲法)에 들어가서 성인의 경계에 들어섰다는 점에서는 차별이 없는 도리를 말씀한 것)

『출가한 사문은 욕심을 버리고 애정을 끊어 마음의 근원과 불도의 깊은 이치를 알아서 무위법을 깨달아야 한다. 그래서 안으로는 얻을 것이 없고, 밖으로는 구할 것이 없어서 마음이 도에도 얽매임이 없고 업도 또한 짓지 않으며, 생각도 없고 하는 짓도 없으며, 닦는 것도 없고, 증득하는 것도 아니며 모든 차례를 거치지 않고 스스로 가장 높은 이가 되는 것이니, 이것을 도(道)라고 이름하는 바이다.

※업──범어 Karma 갈마(羯磨)라 음역했으며 몸·입·생각으로 짓는 행위와 그에

의한 세력을 뜻함.

제三장
(애욕을 버리고 도를 성취하는 마음 가짐을 말씀한 것)

佛言하사대 剃除鬚髮하야 而爲沙門하야 愛道法者는 去世資財하고 乞求取足이니 日中一食하고 樹下一宿하야 愼勿再矣와 使人愚蔽者는 愛與欲也니라

부처님은 말씀하셨다.

『머리를 깎고 사문이 되어 부처님의 계와 법을 받은 사람은 세속의 재물과 집착을 버리고 오직 남에게 빌어 쓰는 것으로써 족하게 여겨야 한다. 하루 한 끼만 낮에 먹고 나무 밑에서 밤이면 자고 두번 묵지 말라. 사람의 마음을 덮어 어리석게 만드는 것은 애정과 탐욕이니라.』

제四장
(열가지 착한 마음과 열가지 나쁜 마음을 보임)

佛言ᄇᆞᆯ언하사대 衆生중생이 以十事爲善이십사위선하며 亦以十事爲惡역이십사위악이니 何等하등이 爲十위십고 身三口四意신삼구사의의삼자는 身三者신삼자는 殺盜婬ᄉᆞᆯ도음이요 口四者구사자는 兩舌惡口妄言綺語양설악구망언기어매 意三者의삼자는 嫉恚癡질예치니 如여

是十事시십사는 不順聖道ᄇᆞᆯ순성도라 名十惡行명십악행이니라 是惡을 若止시악약지하면 名十善行명십선행이니라

부처님이 말씀하셨다.

『중생에게 열가지 일을 잘하면 착한 사람이 되고 열가지 일을 잘못하면 악한 사람이 되느니라. 열가지란 어떤 것들인가, 몸으로 세가지, 입으로 세가지니라. 몸으로 하는 세가지란 산 목숨을 죽이는 것과 남의 물건을 훔치는 것과, 사음을 하는 것이며, 입으로 하는 네가지란, 이쪽 저쪽에 두가지 말로 이간 하는 말, 독하고 추한 악담, 사실과 다른 거짓말, 아첨하는 말이며, 뜻으로 하는 세가지란, 자기만 잘살려고 욕심으로 남을 질투하는 마음 난폭하고 미워하는 등의 성내는 마음 모든 일이나 미련하고 삿된 사상. 지식에 미혹되어 마음이 밝지 못한 어리석은 마음이다. 이 열가지 악한 행실이라 이름하나니, 만일 이런 악한 행실을 그쳐서 반대로 행하면 열가지 착한 행실이 되느니라.』

제五장

(죄를 지었으면 개과천선 할것을 가르쳤고 특히 참회의 중요성을 강조함)

佛言하사대 人有衆過에 而不自悔하고 頓息其心하던 罪來赴身이 如水歸海하야 漸
불언   인유중과에 이불자회하고 돈식기심하던 죄래부신이 여수귀해하야 점

成深廣이나니 若人有過에 自解知非하고 改惡行善하면 罪自消滅하나니 如病得汗하야 漸
성심광이나니 약인유과에 자해지비하고 개악행선하면 죄자소멸하나니 여병득한하야 점

有痊損耳니라
유전손이니라

부처님이 말씀하셨다.

『사람이 만일 허물이 있는데도 스스로 뉘우침이 없이 마음을 되는대로 놓아 버리면 물이 바다를 향해 흘러 들어가 점점 깊고 넓어지듯이 온갖 죄가 따라 붙을 것이다. 그러나 만일 사람이 허물을 저질렀더라도 그 잘못을 스스로 깨닫고 악을 그쳐 선을 행하면 마치 환자가 땀을 내어 병이 차차 낫는 것처럼 죄가 저절로 소멸되느니라.』

제六장

(선은 능히 악을 이기지만 악은 결과적으로 선을 부수지 못하는 도리를 말했다)

佛言하사대 惡人이 聞善하고 故來攪亂者어던 汝自禁息하야 當無瞋責하라 彼來惡者는 而自惡之니라

부처님은 말씀하셨다.

「악한 사람이 착한 사람 하는 말을 들으면 나쁜 마음으로 교란하고 방해하지만, 너희는 마음을 쉬고 견디어 그들과 맞서서 성내고 꾸짖지 말라. 악한 짓 하는 그 사람은 자기 스스로 악할 따름이니라.」

제七장

(제六장의 뜻을 예를 들어 밝힘)

佛言하사대 有人聞吾守道하야 行大仁慈하고 故致罵佛이어늘 佛默不對한대 罵止하니라

問曰 子以禮從人에 其人不納이면 禮歸子乎아 對曰歸矣니이다 佛言하되 今子罵我에 我今不納하니 子自持禍라 歸子身矣니라 猶響應聲이요 影之隨形하야 終無免難이니 愼

勿爲惡^{물위악}이어다

부처님은 말씀하셨다.

『어떤 사람이 「여래가 도를 지켜 크게 어진 자비를 행한다」는 말을 듣고 찾아와서 부처를 욕했지만 여래는 잠자코 대답하지 않았더니 그는 욕하다가 그치고 말았다. 나는 그에게 물었다. 「그대가 예로써 사람을 따랐으나 그 사람이 받지 않는다면 그 예는 너에게 돌아갈 것인가。」「돌아 오겠읍니다。」이제 네가 나를 욕했지만 내가 그것을 받지 않았으니, 너는 그 화를 가지고 가서 너자신에게 돌려야 할 것이 아닌가。마치 메아리가 울려 되돌아옴 같고 그림자가 형체를 따르는 것과 같아서 마침내 면할 수 없는 것이니, 삼가 악한 일을 하지 말라고 했느니라。』

제八장

(어진이를 해치는 화는 자기에게 돌아옴을 보인 것)

佛言^{불언}하사대 惡人^{악인}이 害賢者^{해현자}에 猶仰天而唾^{유앙천이타}에 唾不至天^{타불지천}하고 還從己墮^{환종기타}며 逆風揚塵^{역풍양진}에

塵^진不^불至^지彼^피하고 還^환坌^분己^기身^신하야 賢^현不^불可^가毁^훼 禍^화必^필滅^멸己^기니라

부처님은 말씀하셨다.

『악한 사람이 어진 사람을 해치는 것은 마치 하늘을 우러러 침을 뱉으면 그 침이 하늘에 있지 않고 도리어 자기에게 떨어지는 것과 같으니라. 또 바람을 거슬러 티끌을 날리면 그 티끌이 남에게 가지 않고 자기에게 돌아오는 것과 같아서 어진 이는 해칠 수 없나니, 그 화가 반드시 자기를 멸하느니라.』

제九장
(수행의 바른 길을 보임)

佛^불言^언하사대 博^박聞^문愛^애道^도하야 道^도必^필難^난會^회니 守^수志^지奉^봉道^도하야 其^기道^도甚^심大^대니라

부처님은 말씀하셨다.

『널리 듣기만 하고 도를 사모하기만 하는 것으로는 도를 얻기는 어려운 것이니, 그 뜻을 잘 지켜서 도를 받들어야 도가 반드시 크게 될 것이다.』

제十장

(남의 착한일을 보고 따라서 기뻐하는 공덕이 한량없음을 보임)

佛言_{불언}하사대 覩人施道_{도인시도}하고 助之歡喜_{조지환희}하면 得福甚大_{득복심대}하리라 沙門_{사문}이 問曰此福盡乎_{문왈차복진호}이까

佛言_{불언}하사대 譬如一炬之火_{비여일거지화}로 數千百人_{수천백인}이 各以炬來_{각이거래}하야 分取熟食除冥_{분취숙식제명}이라도 此炬如故_{차거여고}

하야 福亦如之_{복역여지}니라

부처님은 말씀하셨다.

『다른 사람이 도를 베푸는 것을 보고 도와 함께 기뻐하면 얻는 복이 아주 큰 것이다. 어떤 사문이 묻기를 「그 복은 다하여 없어질 때가 있나이까.」 하였다. 여래는 마치 하나의 햇불에 수천 백 사람이 햇불을 가지고 와서 불을 붙이어 가서 음식을 익혀 먹거나 어둠을 밝히더라도 처음의 햇불은 변하지 않는 것과 같으니 그 복도 또한 이와 같으니라.』

제一一장

(복덕의 우열과 공양의 공덕을 보임)

佛言하사대 飯惡人百이 不如飯一善人이요 飯善人千이 不如飯一持五戒者며 飯五戒者萬이 不如飯一須陀洹이며 飯百萬須陀洹이 不如飯一斯陀含이요 飯千萬斯陀含이 不如飯一阿那含이요 飯一億阿那含이 不如飯一阿羅漢이며 飯十億阿羅漢이 不如飯一辟支弗이요 飯百億辟支弗이 不如飯一三世諸佛이요 飯千億三世佛이 不如一無念無住無修無證之者니라

부처님은 말씀하셨다.

『악한 사람 백명에게 공양하는 것이 한명의 착한 사람에게 공양하는 것만 못하며, 천명의 착한 사람에게 공양하는 것이 한명의 五戒를 가지는 사람에게 공양하는 것만 못하며, 만명의 五戒를 지키는 사람에게 공양하는 것이 한명의 수다원에게 공양하는 것만 못하고, 백만명의 수다원에게 공양하는 것이 한명의 사다함에게 공양하는 것만 못하며 천만명의 사다함을 공양하는 것이 한명의 아나함을 공양하는 것만 못하고 一억명의 아나함에게 공양하는 것이 한명의 아라한에게 공양하는 것만 못하며, 十억의 아라한에게 공양하는 것이 한

명의 벽지불에게 공양하는 것만 못하고, 백억명의 벽지불에게 공양하는 것이 한명의 三세제불에게 공양하는 것만 못하며 천억명의 三세제불에게 공양하는 것이 한명의 생각없고(無念) 머무름 없고(無住), 닦음 없고(無修), 증득함이 없는(無證) 사람을 공양하는 것만 못하느니라.」

[주석] ※五戒(오계)——불교가 지키는 다섯가지 계율. 一산 목숨을 죽이지 않는 것. 二남의 물건을 훔치지 않는 것. 三남의 여자를 범하지 않는 것. 四거짓말 하지 않는 것. 五, 술을 마시지 않는 것.

※벽지불(辟支弗)——연각(緩覺), 독각(獨覺)이라 번역하니, 곧 스승의 가르침을 받지 않고 사물의 이치, 생명의 생노병사, 곧 十二인연법을 스스로 관찰하여 깨달은 이.

제 一二 장

(사람에게 스무가지 하기 어려운 수행이 있음을 보임)

佛言(불언)하사대 人有二十難(인유이십난)하니 貧窮布施難(빈궁보시난)이요 豪貴學道難(호귀학도난)이요 棄命必死難(기명필사난)이요 得覩佛經難(득도불경난)이요 生値佛世難(생치불세난)이요 忍色忍欲難(인색인욕난)이요 見好不求難(견호불구난)이요 被辱不嗔難(피욕부진난)이요 有勢不臨難(유세불림난)이요 獨事無心難(독사무심난)이요 廣學博究難(광학박구난)이요 除滅我慢難(제멸아만난)이요 不輕未學難(불경미학난)이요 心行平等(심행평등)

難난이요 不說是非難난이요 會회善선知지識식難난이요 見견性성學학道도難난이요 隨수代화度인人難난이요 觀경境부不동動亂난
難난이요 善선解해方방便편難난이니라

부처님이 말씀하셨다.

『사람에게 스무가지 하기 어려운 일이 있다. 첫째 가난하면서 보시하기 어렵고 둘째 돈많고 귀한이가 도를 배우기 어려우며 셋째 목숨을 바칠때 죽기를 기약하기 어렵고, 넷째 부처님의 경전을 얻어 보기 어렵고, 다섯째 살아서 부처님의 세상을 만나기 어려우며, 여섯째 음욕을 참고 욕심을 참는 것이 어렵고, 일곱째 좋은 것을 보고도 욕심내지 않기 어려우며, 여덟째 욕을 당하고 성내지 않기 어렵고, 아홉째 권세가 있으면서 뽐내지 않기 어려우며, 열째 일에 부딪쳐 무심하게 대하기 어렵다. 열한째 널리 배워 두루 연구하기 어렵고, 열둘째 잘난척 하는 아만(我慢)을 버리기 어려우며, 열셋째 무식한 사람을 업수이 여기지 않기 어렵고, 열넷째 마음을 누구에게나 평등하게 쓰기 어렵고, 열다섯째 남의 시비를 말하지 않기 어려우며, 열여덟째 중생을 따라 주며 구제하기 어렵고, 열아홉째 환경을 따라 움직이지 않기 어려우며, 스무째 방편(方

便)을 두루 잘 알기 어려우니라.

[주석] ※선지식(善知識)——불법에 대한 지식과 법력이 높아서 모든 사람을 교화하여 피로움을 벗어나 도를 깨닫게 하는 사람.
※방편(方便)——수단, 방법의 뜻이니 모든 중생의 형편과 재능을 따라 거기에 알맞는 방법과 수단을 베풀어 선도하는 것을 뜻함.

제一三장

(숙세의 운명을 알고 구경의 진리를 깨달을 수 있는 법을 밝힘)

沙門_{사문}이 問佛_{문불}하되 以何因緣_{이하인연}으로 得知宿命_{득지숙명}이오며 會其至道_{회기지도}이니까 佛言_{불언}하사대 淨心守志_{정심수지}하면 可會至道_{가회지도}니 譬如磨鏡_{비여마경}에 垢去明存_{구거명존}이니 斷欲無求_{단욕무구}하면 當得宿命_{당득숙명}이니라

어떤 사문이 부처님에게 사뢰었다.
「어떻게 하여야 숙세의 운명을 알고 지극한 도의 진리를 알 수 있나이까.」
부처님께서 말씀하셨다.
『마음을 조촐이 하고 뜻을 굳게 지키면 지극한 도를 통할 수 있을 것이니 마치 거울을 갈고 닦아서 먼지ㆍ때가 다 없어지면 밝아 비처지는 것과 같아서 욕

심을 아주 끊어서 구하는 것이 없으면 마침내 숙명을 알 수 있을 것이다.」

제一四장

(이 세상에 가장 착한 일이 무엇이고, 가장 큰 문제가 무엇인가를 보임)

沙門이 問佛하되 하자위선 하자최대 何者爲善이오며 何者最大이니까 佛言하사대 불언 行道守眞者善이며 행도수진자선 志與道合者大니라 지여도합자대

사문이 부처님께 사뢰었다.
「어떤 것이 가장 착한 것이며, 어떤 것이 가장 큰 일이옵니까.」
부처님께서 말씀하셨다.
『도를 행해서 참을 지키는 것이 가장 착한 것이요, 그 뜻이 도와 합하는 것이 가장 큰 일이다.』

제一五장

(이 세상에서 가장 힘이 많은 것이 무엇이며 가장 밝은 것이 무엇인가를 보임)

沙門이 問佛하되 何者多力이오며 何者最明이니까 佛言하사대 하자다력 하자최명 불언 忍辱多力이니 不懷惡 인욕다력 불회악

故(고)로 兼加安健(겸가안건)이오 忍者無惡(인자무악)이니 必爲人尊(필위인존)이라 心垢滅盡(심구멸진)에 淨無瑕穢(정무하예)하야 是爲最明(시위최명)이니라 未有天地(미유천지)로 逮于今日(체우금일)이 十方所有(시방소유)를 無有不見(무유불견)하야 無有不知(무유불지)하며 無有不聞(무유불문)하여

得一切智(득일체지)하야 可謂明矣(가위명의)니라

사문이 부처님께 여쭈었다.

「어떤것이 힘이 제일 많은 것이며, 어떤것이 가장 밝은 것이옵니까.」

부처님께서 말씀하셨다.

「욕된것을 잘 참는 것이 제일 힘은 많은 것이니, 악한 생각을 마음에 품지 않는 까닭이며, 아울러 편안한 마음과 썩썩한 몸을 겸하게 되며, 또한 참는 사람은 악한 마음이 없어서 반드시 모든 사람의 존경을 받게 되느니라. 마음의 때가 다 없어져서 깨끗해지므로 더러움이 없는 것이 가장 밝은 것이니 천지가 생기기 전부터 오늘에 이르기까지 十方세계에 있는 모든 것을 보지 못하는 것이 없고 알지 못하는 것이 없으며 듣지 않는 것이 없어서 온갖것 다 아는 근본지혜(一切智)를 얻는 이것이 가장 밝음이 되느니라.」

주석 ※十방(方)──동서남북의 四방 그 간방(間方)인 四유(維)와 상하의 二방을 합한것.

※ 일체지(一切智)──우주와 생명의 실체, 궁극의 바탕을 하는 지혜.

제一六장

(애욕은 마음의 때니 이것을 버려야만 참된 도를 볼 수 있음을 보임)

佛言_{불언}하사대 人懷愛欲_{인회애욕}하야 不見道者_{불견도자}는 譬如澄水_{비여증수}를 致手攪之_{치수교지}하야 衆人共臨_{중인공림}에 無有覩_{무유도}
其影者_{기영자}라 人以愛欲交錯_{인이애욕교착}하야 心中濁興_{심중탁흥}하야 故不見道_{고불견도}니 汝等沙門_{여등사문}은 當捨愛欲_{당사애욕}하고 愛_애
欲_욕에 垢盡_{구진}하면 道可見矣_{도가견의}리라

부처님은 말씀하셨다.

『사람이 애욕을 마음에 품어 도를 깨닫지 못하는 것은 마치 맑고 고요한 물을 손으로 휘저어서 사람들이 들여다 보아도 그 그림자를 볼 수 없는 것과 같으니, 사람이 애욕으로 뒤섞어 엇갈리면 그 마음을 흐리고 어지러워지게 하여 마침내 도를 볼 수 없느니라. 그러므로 너희들 사문은 마땅히 애욕을 버려라 애욕은 때가 없어져야 도를 가히 볼 수 있는 것이니라.』

제一七장

(도를 깨치면 횃불을 가지고 어두운 방에 들어가는 것처럼 어두운 마음이 즉시 사라진다는 내용)

佛言하사대 夫見道者는 譬如持炬하야 入冥室中하면 其冥이 卽滅하고 而明獨存이라 學道見諦하야 無明卽滅하야 而明常存矣니라

불언　　부견도자　　　비여지거　　　입명실중　　　기명　　　즉멸　　이명독존
　　하사대　　　　는　　　　　　하야　　　　　　하면　　　　이　　　　하고　　　　이라
학도견제　　　　무명즉멸　　　　이명상존
　　　　하야　　　　　　하야　　　　　　의니라

부처님은 말씀하셨다.

『대저 도를 깨달은 사람은 마치 횃불을 가지고 어두운 방안에 들어 갔을때 그 어두움이 곧 없어지고 밝음만 홀로 있는 것과 같으니, 도를 배워서 진리를 깨달으면 무명은 곧 사라지고 밝음만 항상 할 것이니라.』

주석 ※무명(無明) —— 번뇌·근본번뇌의 뜻이니 진리를 모르고 진여에 대한 지혜가 없어서 생사의 근본이 되는 밝지 못한 마음.

제一八장

(진리의 도는 사고·행위·언어의 영역을 초월한 가운데 있는 언어·사고·행위 임을 보임)

佛言하사대 吾法이 念無念念하고 行無行行하며 言無言言하고 修無修修하야 會者近爾며 迷者遠乎라 言語道斷하고 非物所拘니 差之毫釐하면 失之須臾니라

부처님은 말씀하셨다.

『여래의 법은 사고로 초월한 사고·행을 초월만 행을 행하며, 언어를 초월한 언어로 말하며, 닦음이 없는 수행을 닦는 것이니, 그러므로 아는 자는 거리가 없이 가깝고 모르는 자는 아득히 멀 따름이니라. 이론으로 표현할 수 없는 길이 끊어졌고 모든 사물(事物)에 구애 될 것이 없나니 공간적으로는 터럭 끝만한 적은 공간의 차이로 어긋나는 찰라의 시간적 차이로 잃게 되느니라.』

제一九장

(현실의 무상을 관찰해서 깨달음에 이를 것을 보임)

不言하사대 觀天地하고 念非常하고 觀世界하야 念非常하야 觀靈覺하면 即提提니 如是知識하면 得道疾矣니라

부처님께서 말씀하셨다.

『천지의 실체를 관해서 떳떳하지 못함을 생각하고 세계의 근원을 관해서 떳떳하지 못함을 생각하며, 신령한 마음자리를 관해서 곧 보리(菩提)로 생각하라. 이렇게 알아 차리면 도를 얻는 것이 빠르리라.』

[주석] ※관(觀) —— 고요한 마음으로 직관하는 것.
※보리(菩提) —— 깨달음의 지혜, 도(道), 각(覺), 지(智)의 뜻이니, 부처님의 깨달음의 지혜. 혹은 부처님의 깨달음을 얻기 위해 닦아야 할 도.

제 二 十 장

(육신은 물질적요소로 이루어진 것이며 〈참나〉가 아님을 밝힌 것)

_{불언} _{당념신중사대} _{각자유명} _{도무아자} _{아기도무} _{기여환이}
佛言하사대 當念身中四大가 各自有名하야 都無我者니 我旣都無니 其如幻耳니라

부처님은 말씀하셨다.

『마땅히 내 몸을 구성하고 있는 네가지 요소가 제각기 이름으로만 있을뿐 실제에 있어서는 그 속에 도무지 〈나〉는 없다고 생각하라. 〈나〉가 이미 도무지 없거늘 그것은 환(幻)과 같은 것이니라.』

주석

※ 四大(大) —— 인도에서는 물질의 원소·곧 흙(地), 물(水), 불(火), 공기(風)의 넷으로 보았다. 땅은 단단한 것, 물은 젖는 것, 불은 따뜻한 것, 공기는 움직이는 것으로 파악.

※ 환(幻) —— 실체가 없으면서 있는 것으로 헛보며 영상(影像) 실체는 없고 이름만 있는 것.

제二二장

(세속적인 명예는 몸을 태우는 위태한 불과 같음을 보임)

佛言하사대 人隨情欲하야 求於聲名하야 聲名顯著나 身已故矣라 貪世常名하야 而不學道하고 枉功勞形하면 譬如燒香하야 雖人聞香이나 香之燼矣라 危身之火가 而在其後니라

부처님은 말씀하셨다.

『사람들은 정욕을 위해 좋은 명예를 구하지만 좋은 명예가 들어나자 몸은 이미 끝나게 된다. 세속적인 하찮은 명예를 탐해서 도를 배우지 않고 공을 생각해 몸을 괴롭히는 것이 마치 향 나무를 불살라 그 향 냄새를 맡기는 하지만 나무는 이미 재가 되는 것과 같으니, 몸을 위태하게 하는 불이 그 뒤에 있느니라.』

제一二二장

(재물과 여색을 탐하는 것이 칼날을 핥는 어린이와 같음을 보임)

佛言하사대 財色於人에 人之不捨함이 譬如刀刃이라 有蜜不足一湌之美ㅣ 小兒舐之하야 則有割舌之患이니라

부처님은 말씀하셨다.

『재물과 여색을 사람들이 버리지 못하는 것이 마치 칼날 끝에 있는 꿀물은 한번 빨아먹기에도 부족한 것인데 어린애가 그것을 핥을때 곧 혀를 짤릴 근심이 있는 것과 같으니라.』

제一二三장

(처자와 재물의 애욕을 벗어나야 참 도인임을 보임)

佛言하사대 人繫於妻子舍宅하야 甚於窂獄이니 窂獄有散釋之期나 妻子無遠離之念이니라 情愛於色하야 豈憚驅驅하야 雖有虎口之患이나 心存甘伏하야 汲泥自溺일새 故

曰凡夫니라 透事此門하면 出塵羅漢이니라
범부 투사차문 출진나한

부처님께서 말씀하셨다.

『사람이 처자나 가산(舍宅)에 얽매이는 것이 감옥에 갇히는 것보다 더하니 감옥은 사람을 풀어 주는 기한이 있지만, 처자는 멀리 떠날 생각도 없기 때문이다. 정과 애욕으로 얽힌 여색은 마침내 자신의 그 허덕임조차 꺼릴 줄 모르게 하나니, 비록 호랑이 입에 물려 들어가는 근심이 있어도 그것을 마음에 달게 받으며 진흙에 몸을 던져 스스로 빠져들어 가느니라.

그러므로 범부라고 이름 하나니, 만일 이 문을 뛰어 나온다면 티끌세계를 벗어난 나한(羅漢)이니라.』

제二四장

(색욕이 도닦는데 제일 큰 장애임을 보임)

佛言하사대 愛欲이 莫甚於色이니 色之爲欲은 其大無外니라 賴有一矣라 若使二同
불언 애욕 막심어색 색지위욕 기대무외 뇌유일의 약사이동

이면 普天之人이 無能爲道者壞니라
보천지인 무능위도자괴

부처님이 말씀하셨다.

『모든 애욕 가운데 음욕보다 더 심한 것은 없으니, 색정의 욕심은 그 크기가 한없기 때문이다. 다행히 그것이 하나이기 망정이지 만일 그와 같은 것이 둘만 있었더라도 이 천하는 사람으로 도를 닦을 사람은 한 사람도 없었으리라.』

제二五장

(애욕의 환란을 보임)

佛言하사대 愛欲之人은 猶如執炬에 逆風而行하면 必有燒手之患이니라
불언   애욕지인   유여집거   역풍이행   필유소수지환

부처님이 말씀하셨다.

『애욕에 깊이 얽힌 사람은 마치 횃불을 잡고 바람을 거슬러 가면 반드시 그 손을 태우게 되는 것과 같으니라.』

제二六장

(부처님이 마왕의 천녀의 유혹을 물리친 말씀을 보임)

天神이 獻玉女於佛하야 欲壞佛意한대 佛言하사대 革囊衆穢라 爾來何爲오 去하라
천신   헌옥녀어불   욕괴불의   불언   혁낭중예   이래하위 거

吾오불용不用이라하시니 天천신神이 愈유경敬하야 因인문도의門道意하니 佛불위해설爲解說하사 即즉득수타원과得須陀洹果케하시니라

천신 마왕이 천상의 미녀인 옥녀(玉女)를 부처님에게 바쳐서 부처님을 유혹하여 뜻을 부수려고 했을 때 부처님은 말씀하셨다.

『가죽 푸대에 온갖 더러움을 담은 이여, 너는 무엇하러 왔느냐, 가거라, 내게는 쓸 데 없다.』 천신은 부처님을 공경하여 이내 진리의 도를 물었다. 부처님은 그를 위해 설법해 주시어 그로 하여금 수타원의 과(果)를 얻게 하셨다.

제二七장

(도닦는 이는 애욕을 여의어야 함을 보임)

佛불언言하사대 夫부위도자爲道者는 猶유목재수木在水하야 浸침유이행流而行이니 不불촉양안觸兩岸하고 不불위인취人取하매 不불위귀신소차爲鬼神所遮하며 不불위회류소주爲洄流所住하며 亦역불부패不腐敗하나니 吾오보차목保此木이 決결정입해定入海하노라 學학도지道之人인이 不불위정욕소감爲情欲所感하며 不불위중사소요爲衆邪所嬈하고 精정진무위進無爲하리 吾오보차인保此人이 必필득도의得道矣하노라

부처님이 말씀하셨다.

『대저 도를 닦는 사람은 마치 물위에 있는 나무가 물결을 따라 흘러가는 것과 같으니, 양쪽 기슭에도 걸리지 않고 사람에게 잡히지도 않고 귀신에게 막히지도 않으며 소용돌이에 빠지지도 않고, 또한 썩지도 않는 것과 같으니 나는 이 나무가 결정코 바다에 들어갈 것을 담보하리라. 나도 배우는 사람이 정욕에도 유혹되지 않고 뭇 삿된 소견에도 어지럽히지 않으며 오로지 함없는 절대의 경계로 전진해 나아가면, 나는 이 사람이 반드시 도를 얻을 것을 담보하노라.』

제二八장

(생각은 마음의 본체가 아니며 색정은 생사의 근본 마음이다)

불언하사대 愼勿信汝意니 汝意는 不可信이라 愼勿與色會어 色會則禍生이니라 得阿羅漢已하야사 乃可信汝意니라

부처님이 말씀하셨다.

『삼가 너의 생각을 참된 것으로 믿지 말것이니 너의 생각은 믿을 수 없는 것이니라. 삼가 색정과 만나지 말것이니, 색정을 만나면 곧 화가 생기리라.

제二九장

(사문으로 여인을 대할 때에 마음가짐을 보임)

佛言하사대 愼勿視女色하라 亦莫共言語하니 若與語者하면 正心思念하야 我爲沙門이 處于濁世하야 當如蓮花하야 不爲泥汚하리라하야 想其老者를 如母하고 長者를 如姊하여 少者를 如妹하며 稚者를 如子하야 生度脫心하야 息滅惡念이니라

부처님이 말씀하셨다.

『여색(女色)을 함부로 보지도 말며, 또한 그런 이야기도 하지 말라. 만일 여자와 이야기할 적에는 마음을 바루어 「내가 사문으로 이 흐린 세상에 살아가려면, 마땅히 연꽃이 더러운 진흙에 있으면서 물들지 않는 것과 같이 해야 하리라.」생각하라. 그래서 늙은 여자는 어머니처럼 생각하고 나이 많은 이는 누이처럼 생각할 것이며, 나이 적은 이는 누이동생과 같이 생각할 것이니, 저들을 죄악에서 구제할 마음을 내어야 악한 생각이 쉬어 없어지니라.』

제三十장

(도닦는 이는 욕심을 나를 태우는 무서운 불처럼 멀리 하라는 내용)

불언
佛言하사대
부위도자
夫爲道者는 여피건초
如彼乾草ㅣ 화래수피
火來須避니 도인견욕
道人見欲이면 필당원지
必當違之니라

부처님이 말씀하셨다.

『대저 도 닦는 사람은 마른 풀을 가진 이가 불이 오면 마땅히 피해야 하는 것처럼 해야 할 것이니, 이와같이 도인이 욕심의 싹을 보거든 마땅히 멀리할 찌어다.』

제三一장

(욕심을 끊으려면 먼저 마음을 끊을 것을 밝힘)

불언
佛言하사대 유인환음불지
有人患婬不止하야 욕자제음
欲自除陰할새 불위지왈약단기음
佛謂之曰若斷其陰이 불여단심
不如斷心이니 심
心
여공조
如功曹하야 공조약지
功曹若止하면 종자도식
從者都息이니라 사심부지
邪心不止하면 단음
斷陰이라도 사익
邪益하리라 불위설
佛爲說
게하사대
偈하사대 욕생어여의
欲生於汝意하며 의이사상생
意以思想生이라 이심각적정
二心各寂靜하면 비색역비행
非色亦非行이니라 불언하사
佛言하사

대차게
此偈는 是迦葉佛이 說하시니라
시가섭불 설

부처님이 말씀하셨다.

『어떤 사람이 음욕이 치성함을 근심하여 자기의 음경(陰莖=생식기)을 끊으려 했다.』 부처님은 그에게 말씀하셨다.

『네가 생식기를 끊는 것은 그 마음을 끊는 것만 못하니, 마음은 지휘관과 같아서 만일 지휘자가 그치면 따르는 모든 사람도 그치겠지만, 삿된 마음이 그치지 않으면 생식기를 벤다 해도 무슨 이익이 있으랴.』 그리고 부처님은 곧 그를 위해 게송으로 말씀하셨다. 『욕심은 네 뜻에서 생기고 네 뜻은 관렴에서 생기는 것이니, 두마음이 각각 고요해지면, 모든 색욕은 색욕이 아니요. 모든 행(行)도 행이 아니니라.』 또 부처님은 『이 게송은 가섭불의 말씀이다.』고 하셨다.

주석 ※공조(恐曹)──고을의 안팎 일을 맡아 다스리는 벼슬.
※사상(思想)──사(思)는 조작·생각·연구를 뜻하고, 상(想)은 집착·관렴을 뜻함.
※가섭불(迦葉佛)──과거 일곱 부처님 가운데 한 분. 또 석가부처님 앞의 부처님.

제三二장

(애욕이 적적과 두려움의 근본이 됨을 보임)

佛言하사대 人從愛欲^{인종애욕}하면 生憂^{생우}하며 從憂生怖^{종우생포}하나니 若離於愛^{약리어애}하면 何憂何怖^{하우하포}리요

부처님이 말씀하셨다.

『사람은 애욕을 따름으로부터 걱정이 생기고 걱정으로부터 두려움이 생기는 것이니, 만일 애욕을 여의어 없애면 무엇을 걱정하고 무엇을 두려워 하랴.』

제三三장

(사문은 전투에 나가는 장수처럼 굳센 마음으로 용맹하게 정진할 것을 보임)

佛言^{불언}하사대 夫爲道者^{부위도자}는 譬如一人^{비여일인}이 與萬人戰^{여만인전}에 挂鎧出門^{계개출문}하야 意^경或法弱^{혹법약}하야 或牛^{혹반}路而退^{로이퇴}하고 或格戰鬪而死^{혹격전투이사}하며 或得勝而還^{혹득승이환}하나니 沙門^{사문}이 學道^{학도}에 應當堅持其心^{응당견지기심}하야 精^정進勇銳^{진용예}하야 不畏前境^{불외전경}하면 破滅衆魔^{파멸중마}하야 而得道果^{이득도과}하나니라.

부처님이 말씀하셨다.

『대저 도를 닦는 사람은 마치 한 사람이 만 사람과 더불어 싸우는 것과 같

아서, 갑옷을 입고 문을 나서자 그만 겁이 나서 뜻이 약해지는 사람도 있고 혹은 반쯤 가서 물러서는 사람도 있으며 혹은 싸움에 지는 사람도 있고, 혹은 싸움을 이기고 개선하여 돌아오는 사람도 있느니라. 사문이 도를 닦음에 있어서 마땅히 그 마음을 굳게 가지고 용맹하게 정진하여 앞경계를 두려워 하지 말고 모든 악의 무리를 쳐부수어야만 도의 과를 얻느니라.」

제三四장

(거문고줄을 고르듯, 마음을 고루어서 도를 닦아야 도를 성취하게 됨을 보임)

沙門이 夜誦迦葉不遺敎經이러니 其聲이 悲緊하야 思悔欲退라 佛問之曰汝昔在家
에 曾爲何業고 對曰愛彈琴이니이다 佛言하사대 絃緩如何아 對曰不鳴矣니라. 絃急如
何아 對曰聲絕矣니이다 急緩得中如何아 對曰諸音普矣니이다 佛言하사대 沙門學道도
亦然하니 心若調適하야사 道可得矣니라 於道若暴하야 行卽身疲하고 其身若疲면 意卽
生惱하매 意若生惱하면 行卽退失하리니 其行이 既退면 罪必加矣라 但淸淨安樂하야사

410

도불실의
道不失矣리라

사문이 밤에 가섭불의 유교경을 읽고 있는데, 그 소리가 슬프고 급하여 뉘우쳐 물러서는 생각으로 읽는것 같았다.
부처님께서 그 사문에게 물으셨다. 『너 옛날 집에 있을 적에 어떤 직업으로 가지고 있었느냐』 사문이 여쭈었다. 『거문고 타기를 좋아했나이다.』 『줄이 늘으면 어떠하더냐.』 『소리가 나지 않나이다.』 『줄이 아주 팽팽하게 조이면 어떠하더냐.』 『끊어지나이다.』 『줄을 늦추고 조임이 알맞으면 어떠하냐.』 『여러가지 소리가 잘 나나이다.』 『사문이 도를 배우는 것도 또한 그러하니라. 마음이 만일 고르고 알맞으면 도를 얻을 수 있지만, 만일 너무 사납고 급하게 가지면 곧 몸이 피곤하게 되고 몸이 피곤하면 마음이 곧 괴로움을 느끼며 마음이 괴로우면 그 행실이 곧 뒤로 물러나게 되며 행실이 이미 뒤로 물러나면 죄를 반드시 더하게 되느니라. 그러므로 오직 마음과 몸이 맑고 편안해야만 도를 잃지 않느니라.』

제三五장

(도닦는 사람은 더러운 마음의 때를 버려야 함을 보임)

佛言하사대 如人鍛鐵에 去滓成器하면 器即精好고 學道之人도 去心垢染하야사
行即清淨矣니라

부처님이 말씀하셨다.

『대장간에서 쇠를 단련할 때에 헌 쇠붙이를 다루어 때를 벗기고 나서 그릇을 만들면 그 그릇이 깨끗하고 좋은 것과 같아서, 도를 배우는 사람도 마음의 더러운 때를 버리고 나서야 그 행실이 곧 맑고 깨끗하게 되느니라.』

제三六장

(아홉가지 어려움을 들어 불법 만나기 어려움을 보임)

佛言하사대 人離惡道하야 得爲人難이며 旣得爲人이라도 去女即男難이며 旣得爲男이라도 六根完具難이며 六根旣具라도 生中國難이며 旣生中國이라도 値佛世難이며 旣得遇道라도 興信心難이며 旣興信心이라도 發菩提心難이며 旣發菩提心이라도 無修無證難이니라

부처님이 말씀하셨다.

『사람이 나쁜 세계를 여의고 사람으로 태어나기가 어렵고 여자가 아닌 남자로 되기가 어려우며, 남자가 되었어도 여섯가지 감관을 완전히 감추기가 어렵고 여섯가지 감관을 감추었어도 문화있는 나라에 태어나기가 어려우며, 이미 문화국에 났어도 부처님의 세상을 만나기 어려우며 또 부처님의 법이 있는 세상을 만났어도 도인을 만나기 어렵고 또 부처님의 신심을 일으키기 어려우며 또한 신심을 일으켰어도 보리심을 내기 어렵고 또 보리심을 일으켰다 해도 닦음도 없고 증득함도 없는 경지를 얻기가 어려우니라.』

[주석] ※六근(根)──눈, 귀, 코, 혀, 몸뜻의 여섯을 말함.

제三七장

(계를 지켜야 도를 성취할 수 있음을 보임)

불언하사대 佛子야 이오수천리하야 역념오계
佛言　　　佛子　　離吾數千里　　　憶念吾戒하면
필득도과나 재오좌우하나 수상견
必得道果나　在吾左右하나　雖常見

오라도 불순오계하면 종불득도니라.
吾라도　不順吾戒하면　終不得道니라.

부처님께서 말씀하셨다.

「불자가 여래로부터 수천리를 떠나 있더라도 부처님의 계율을 항상 생각하는 자는 반드시 도과(道果)를 얻을 수 있으려니와, 여래의 좌우에 따라 있어서, 항상 여래를 보더라도 부처님의 계율을 지키지 않는 자는 마침내 도를 얻지 못하느니라.」

제三八장

(인생은 덧없이 육신의 수명을 믿을 수 없음을 보임)

불이 問沙門하사대 人命在幾間고하신대
문사문 인명재기간

對曰 數日間이니이다
대왈 수일간

佛言하사대 子未知道니
불언 자미지도

復問一沙門하사대 人命在幾間고하신대
부문일사문 인명재기간

對曰 飯食間이니이다
대왈 반식간

佛言하사대 子未知道니
불언 자미지도

復問一沙門하사대 人命在幾間고하시니
부문일사문 인명재기간

對曰 呼吸間이니이다
대왈 호흡간

佛言하사대 善哉라 子知
불언 선재 여지
道矣로다
도의

부처님께서 사문에게 물으셨다.
「사람의 목숨이 얼마동안이나 존재하는 것이냐.」 「며칠 사이에 있아옵니다.」
「너는 아직 도를 모르는구나.」 부처님은 또 다른 사문에게 말씀하셨다. 「사람의 목숨이 얼마동안이나 존재할 것이냐.」「밥먹는 사이에 있아옵니다.」「너도 아직 도를 모른다.」부처님은 다시 다른 사문에게 말씀하셨다. 「사람의 목숨이 얼마동안이나 존재한다고 생각하느냐.」「숨쉬는 사이에 있아옵니다.」「갸륵하다. 너는 도를 알고 있도다.」라고 칭찬하셨다.

제三九장

(부처님의 말씀은 다 믿고 따라야 하는 도리를 보임)

불언하사대 學_학佛_불道_도者_자는 佛_불所_소言_언說_설을 皆_개應_응信_신順_순이니 譬_비如_여食_식蜜_밀에 中_중邊_변此_차甜_감이라 吾_오經_경亦_역爾_이니라

부처님이 말씀하셨다.

「불도를 배우는 사람은 부처님이 하신 모든 말씀을 마땅히 다 믿고 따라야 하나니. 그것은 마치 벌꿀을 먹으면 꿀의 복판이나 끝이나 모두 단것과 같은 것이니, 내 경전도 또한 그러하니라.」

제四十장

(도를 행하는 것은 곧 마음을 행하는 것이고 몸을 닦는 것이 아님을 보임)

佛言하사대 沙門行道를 無如磨牛니 身雖行道나 心道不行이니라 心若道行면 何用

行道리요

부처님이 말씀하셨다.

『사문은 도를 닦아 행하기를 밭가는 소처럼 하지 말것이니, 그렇게 하는 것은 몸은 비록 도를 행하지만 마음으로는 도를 행하지 않는 것이다. 만일 마음으로 도만 행한다면 다시 더 행할 무슨 도가 있으랴.』

제四一장

(쉬지 말고 곧은 마음으로 도를 끝까지 닦을 것을 보임)

佛言하사대 夫爲道者는 如牛負重하고 行深泥中하야 疲極하야도 不敢左右顧視하고 出離於泥하야사 乃可蘇息이니라 沙門도 當觀情欲하야 甚於淤泥하야 直心으로 念道하야사 可免苦矣리라

부처님이 말씀하셨다.

『도를 위하는 이는 소가 무거운 짐을 지고 깊은 진흙 속을 가는 것과 같아서 피곤하여도 감히 좌우를 돌아보지 않고 진흙에서 벗어나야 소식이니라 사문도 당연히 정욕을 심어여이 가면고의 부처님이 말씀하셨다.

『대저 도를 닦는 사람은 마치 무거운 짐을 진 소가 깊은 흙탕길을 걸어 가듯 할 것이니, 피로가 아주 심해지면 좌우를 돌아 볼 겨를도 없이 한시바삐 진흙탕을 벗어나서야 비로소 숨을 돌리듯이 하라。 사문은 마땅히 관하라, 정욕은 저 진흙탕보다도 더 험한 수렁임을 언제나 곧은 마음으로 항상 도를 생각해야만 비로소 괴로움을 면할수 있느니라。』

제四二장

(부처님의 눈은 모든 것을 평등하게 보는 것을 밝힘)

불언
佛言하사대
오시왕후지위
吾視王侯之位를 여과격진
如過隙塵하고 시금옥지보
視金玉之寶를 여와락
如瓦礫하고 시환소지복
視紈素之服을

여폐백
如弊帛하고 시대천계
視大千界를 여일하자
如一訶子하며 시아욕지수
視阿耨池水를 여도족유
如塗足油하며 시방편문
視方便門을 여화
如化

보취
寶聚하며 시무상승
視無上乘을 여몽금백
如夢金帛하며 시불도
視佛道를 여안전화
如眼前花하며 시선정
視禪定을 여수미주
如須彌柱하며

시열반
視涅槃을 여주석오
如晝夕寤하며 시도정
視倒正을 여육용무
如六龍舞하며 시평등
視平等을 여일진지
如一眞地하며 시흥화
視興化를

여사시목
如四時木하나리라。

부처님이 말씀하셨다。

「나는 왕후의 지위를 문 틈을 지내가는 티끌처럼 보고, 금이나 옥같은 보배를 기왓돌처럼 보며, 하양게 빛나는 비단 옷을 헤어진 베헝겊으로 보고 대천 세계를 한 겨자씨 같이 보며, 태평양물을 발가락 바르는 기름처럼 보고 중생을 방편으로 제도하는 방편문을 가짜 보배로 보며, 구경의 대승을 꿈속의 금이나 비단같이 보고 부처의 도를 눈 앞에 날으는 허공의 꽃처럼 보며, 선정(禪定)을 수미산(須彌山)의 기둥처럼 보고 열반을 아침 저녁으로 깨어 있는 것과 같이 보며, 번뇌를 뒤집어 바르게 보고 六룡의 춤처럼 보고 만유평등의 경지를 대지와 같이 보며 중생교화를 四시의 나무와 같이 보느니라.」

[주석]　※아뇩지(阿耨池)――아뇩달지(阿耨達智)라고도 함, 못의 이름, 아뇩은 뜨거운 번뇌가 없다는 뜻. 또는 맑고 시원한 히마라야산골에 있는 못의 이름.
　※수미산(須彌山)――세계의 한 복판 지륜(智輪)위에 솟아 있는 높은 산.
　※六룡――옛날 천자가 타는 수레에 꾸미는 여섯마리의 말.
　※一진지(眞智)――一진여지(眞如眞智), 진여(眞如)는 우주만유에 두루해 있는 변하지 않는 본체. 진실 여상의 뜻.
　※도정(倒正)――도를 등지고 번뇌와 합하는 것과 번뇌를 버리고 도와 합하는 것을 뜻함.
　※흥화(興化)――중생을 제도하기 위해 교화를 일으킴.

英文收錄

法 句 經

2010年 5月 1日　　再版印刷
2010年 5月 5日　　再版發行

　　　　　　譯　　者　金　　　魚　　　水

　　　　　　發 行 處　普　　成　　文　　化　　社
版　所
權　有　　　　　서울 용산구 용산동2가 1번지 1326호
　　　　　　　　　　TEL : 733-7244,　734-4365
　　　　　　　　　　등록번호・제302 - 1992 - 000028호

<값 7,000원>